インドネシアの私立大学

－発展の仕組みと特徴－

和　氣　太　司

はしがき

　本書の目的は、インドネシアの高等教育の発展に私学が果たした役割を明らかにするとともに、私立大学の発展の仕組みと特徴を考察することである。

　太平洋に浮かぶエメラルドの首飾りと讃えられる世界最大の島嶼国家インドネシア。その人口は世界第4位の約2億5千万人であり、国民の88.1％がイスラーム教徒で世界最大のムスリム人口を有する。近年、順調な経済発展を背景に、G20を構成する新興国としての存在感を増している。

　国民の生活水準の向上を背景に、教育の普及・拡大が進んでおり、高等教育の就学率（19歳〜23歳人口に占める高等教育全就学者数）は28.57％に達した。高等教育の拡大に大きな役割を果たしてきたのが私学であり、現在、3,854の高等教育機関が存在するが、その96.1％は私立の機関である（2012/13年）。

　このような私立高等教育の拡大の背景は何か、どのような仕組みで発展したのか、その果たしている役割は何か、今後の一層の発展のための課題は何か。さらに、私立高等教育の拡大はアジアを始めとして世界的な現象であるが、インドネシアの私立高等教育機関はアジアや世界の中でどのような特徴を持っているのか。

　これらの問いを筆者が意識したきっかけは、2010年から3年間、インドネシア教育文化省高等教育総局の政策アドバイザー（JICA専門家）として、現地の私立高等教育機関の量的な拡大とその多様な発展の姿を目の当たりにしたことにある。高等教育の就学率を比べると近隣のタイやマレーシアに及ばないが、数の上では両国を凌駕する、4千近い私立高等教育機関がインドネシアでは発展を遂げてきた。

　本書は2部構成でこの問いにアプローチした。第Ⅰ部では、インドネシアの経済社会の現状、高等教育の現状と特徴、高等教育発展の歴史、

私立高等教育の質的側面と経済的側面、という多角的な視点からインドネシアの私立高等教育の姿を浮き彫りにした。

　第Ⅱ部では、インドネシアの私立高等教育機関がどのような仕組みによって発展したのかを検討した。このため、政府の設置認可行政の影響と私立高等教育機関の設置者の経営行動に着目した。この結果、社会のニーズに迅速に対応して拡大を遂げてきたインドネシアの私立高等教育の発展の仕組みと特徴、さらには、発展のための課題が明らかになった。

　本書がインドネシアの高等教育、特に私立の高等教育の理解に貢献することができれば幸いである。

本書に登場する主な大学

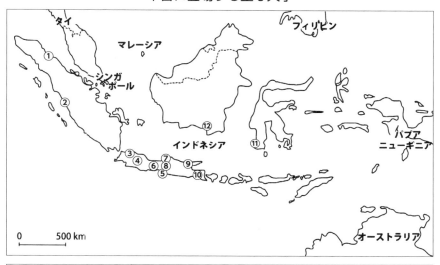

都　　市	大　　学　　名
①メダン	法人国立大学：北スマトラ大学
②パダン	国立大学：アンダラス大学、パダン国立大学
③ジャボデタベク	法人国立大学：インドネシア大学、ボゴール農科大学 国立大学：ジャカルタ国立大学、公開大学 私立大学：ビナ・ヌサンタラ大学、グナダルマ大学、ジャヤバヤ大学、カトリック・インドネシア・アトマジャヤ大学、ナショナル大学、パンチャシラ大学、プリタ・ハラパン大学
④バンドン	法人国立大学：バンドン工科大学、インドネシア教育大学、パジャジャラン大学
⑤ジョグジャカルタ	法人国立大学：ガジャマダ大学 私立大学：インドネシア・イスラーム大学
⑥プルウォケルト	国立大学：スディルマン将軍大学
⑦スマラン	法人国立大学：ディポネゴロ大学
⑧サラティガ	私立大学：サトヤ・ワチャナ・キリスト教大学
⑨スラバヤ	法人国立大学：アイルランガ大学、スラバヤ工科大学
⑩ジュンブル	国立大学：ジュンブル大学
⑪マカッサル	法人国立大学：ハサヌディン大学
⑫バンジャルマシン	国立大学：ランブン・マンクラット大学

目　　次

はしがき
本書に登場する主な大学

序章　本書の目的・背景・概要……………………………………………… 1
　　1　本書の目的……………………………………………………………… 1
　　2　背景……………………………………………………………………… 1
　　3　先行研究の検討………………………………………………………… 4
　　4　本書の視点と構成……………………………………………………… 9
　　5　資料………………………………………………………………………11

第Ⅰ部　インドネシアの高等教育の発展における私学の役割

第1章　インドネシアの社会経済の発展の現状……………………………17
　　第1節　政治体制の状況…………………………………………………17
　　　　1　「多様性の中の統一」
　　　　2　「改革」の時代
　　第2節　経済発展の状況…………………………………………………20
　　　　1　新興経済大国へ
　　　　2　ジャワ島への一極集中と富裕州の出現
　　　　3　長く続く「人口ボーナス」
　　　　4　中間層の拡大と消費の高まり
　　第3節　小　括……………………………………………………………25

第2章　インドネシアの高等教育の現状と特徴……………………………26
　　第1節　学校教育制度の現状……………………………………………26
　　　　1　学校教育制度の概要
　　　　2　学校教育の普及・拡大

第2節　高等教育制度の概要……………………………………………30
　　　　1　高等教育機関の種類
　　　　2　教育システム
　　　　3　入学者選抜
　　　　4　奨学金制度
　　　　5　高等教育機関の経営
　　　　6　私立高等教育行政
　　第3節　高等教育機関の現状……………………………………………36
　　　　1　高等教育機関の学生規模
　　　　2　教育内容の現状と特徴
　　　　3　教員体制の現状と特徴
　　第4節　小　括……………………………………………………………39

第3章　インドネシアの高等教育の歴史的発展………………………41
　　第1節　高等教育の誕生
　　　　　－植民地時代から独立へ（～1945年）……………………………41
　　　　1　植民地行政の転換と学校教育の拡充
　　　　2　高等教育の誕生
　　　　3　海外留学生の増加
　　　　4　独立運動と学生
　　　　5　日本軍の占領
　　第2節　大学のモデルの誕生
　　　　　－独立戦争期（1945～1950年）……………………………………47
　　　　1　ガジャマダ大学の誕生
　　　　2　インドネシア大学の沿革
　　　　3　私立大学と国立宗教大学の誕生
　　第3節　高等教育制度の確立
　　　　　－スカルノ初代大統領の時代（1950～1965年）…………………51
　　　　1　高等教育制度の確立

2　国立大学の増設
　第4節　高等教育の拡大
　　　－スハルト第2代大統領の時代（1965～1998年）……………56
　　　1　教育の普及と拡大
　　　2　教育行政の整備
　第5節　高等教育のグローバル化への取組
　　　－「改革」の時代（1998年～）………………………………61
　　　1　進む高等教育の拡大
　　　2　国立教育大学の再編
　　　3　新たな高等教育質保証制度の構築
　　　4　国立大学の法人化の動向
　　　5　私立高等教育機関の経営構造の動向
　　　6　教育開発に関する国家の役割の強化
　第6節　小　括……………………………………………………72

第4章　私立高等教育の質的側面に関する考察……………………75
　第1節　BAN-PTによるアクレディテーションの概要　…………75
　　　1　BAN-PTによるアクレディテーションの位置づけ
　　　2　審査の対象と基準
　　　3　実施の手順
　第2節　アクレディテーション結果の現状………………………77
　　　1　プログラム評価点の比較
　　　2　評価点の高い私立大学の特徴
　　　3　ジャカルタ特別州の私立高等教育機関の状況
　第3節　パンチャシラ大学の事例…………………………………83
　　　1　事例の概要
　　　2　考察
　第4節　小　括……………………………………………………85

第 5 章　私立高等教育の経済的側面に関する考察……………………87
　第 1 節　高等教育に必要な費用は誰が負担しているのか…………87
　　　1　教育に対する政府支出の現状
　　　2　私立高等教育への国の助成の現状
　第 2 節　学生や保護者はどの程度の費用を負担しているか…………89
　　　1　ジャヤバヤ大学の事例
　　　2　パンチャシラ大学の事例
　　　3　ビナ・ヌサンタラ大学の事例
　　　4　まとめ
　第 3 節　私立大学の財務の状況－パンチャシラ大学の事例…………94
　　　1　設立直後の財務の状況
　　　2　運営経費の確保が課題
　　　3　新キャンパスの開発
　　　4　財務・管理の改善
　　　5　まとめ
　第 4 節　小　括……………………………………………………98

【コラム 1　インドネシアとの出会い】

第Ⅱ部　私立高等教育の発展の仕組みと特徴に関する考察

第 6 章　私立高等教育機関の設置の仕組みと特徴………………… 103
　第 1 節　私立高等教育機関の設置認可制度の歴史的変遷………… 103
　　　1　私立高等教育の法的な確立
　　　2　旧「国民教育制度法」の成立と関係政令の制定
　　　3　「ステータス」から「アクレディテーション」へ
　第 2 節　「高等教育機関法」による私立高等教育機関の設置認可… 105
　　　1　高等教育機関の種類
　　　2　国立機関をモデルにした「ステータス」の付与
　　　3　パンチャシラ大学の事例

第3節　私立高等教育機関の設置認可の仕組み……………… 109
　　　1　私立高等教育機関の設置の仕組み
　　　2　設置の手続き
　　第4節　小　括………………………………………………………… 113

第7章　ジャカルタ特別州の私立アカデミー及びポリテクニックの発展
　　　に関する考察………………………………………………… 114
　　第1節　考察の対象………………………………………………… 114
　　　1　考察のための資料
　　　2　ジャカルタ特別州の概況
　　第2節　私立アカデミーの発展の動向…………………………… 115
　　　1　学校数と学生数の推移
　　　2　開校と閉校の動向
　　　3　設置者の現状
　　第3節　私立ポリテクニックの学生数の変化と設置・転換の動向… 123
　　　1　学校数と学生数の動向
　　　2　開校と閉校の動向
　　第4節　小　括………………………………………………………… 127

第8章　ジャカルタ特別州の私立単科大学、専門大学及び総合大学の発
　　　展に関する考察……………………………………………… 128
　　第1節　私立単科大学の発展の動向……………………………… 128
　　　1　学校数と学生数の推移
　　　2　開校と閉校の動向
　　第2節　私立専門大学及び総合大学の発展の動向……………… 135
　　　1　学校数と学生数の推移
　　　2　開校と閉校の動向
　　　3　個別大学の学生数の推移
　　第3節　小　括………………………………………………………… 142

【コラム２　弘前大学の国際化への取組】

終章　総括と今後の研究課題……………………………………… 149
　第１節　私立高等教育の発展の特徴と課題…………………… 150
　　１　私立高等教育機関の類型化
　　２　私立高等教育の発展の特徴
　　３　私立高等教育の発展のための課題
　第２節　今後の研究課題………………………………………… 157

引用（参考）文献…………………………………………………… 158
　〔日本語〕………………………………………………………… 158
　〔英語〕…………………………………………………………… 160
　〔インドネシア語〕……………………………………………… 161

あとがき……………………………………………………………… 163

序　章

本書の目的・背景・概要

序章　本書の目的・背景・概要

1　本書の目的

　本書は、インドネシアの高等教育の発展に私学が果たした役割を、高等教育の発展の背景となる経済社会、高等教育の現状と特徴、高等教育の発展の歴史、私立高等教育の経済的側面及び質的側面という多角的な視点から明らかにする。同時に、私立高等教育の発展を政府の設置認可行政の影響と私立高等教育機関の設置者単位の経営行動の相互の作用ととらえ、私立高等教育の動向を考察し、その発展の特徴と課題を示す。

2　背景

　近年、私立高等教育は世界の多くの国で急速に拡大している。その背景には、経済発展が進む中で高等教育への需要が高まっているのに対し、政府が国立大学の創設などで応えることが財政上の理由から困難という事情がある。また、同時に、高等教育は個人の利益につながる「私的財」であるという考え方が浸透してきていることも大きい（アルトバック2004：7-8）。
　今後とも、世界的に私立高等教育の比重が高まることが予想される中で、私立の高等教育が従来の高等教育とどう異なっているのか、また、その拡大は社会にどのような影響を与えるのか、さらに、どのような課題があるのか、という問いに答えることの重要性が高まっている。その答えを探る出発点は、各国の私立高等教育の特徴を明らかにし、その共通点と独自の点を明らかにする作業であると考える。

アジアにおける私立高等教育の発展

　世界的に私立高等教育が拡大する中で、特にアジアはその拡大が著しい地域である。馬越（馬越2007：188-97）は、高等教育拡大における私立セクターの役割を念頭に、アジアの私立セクターの在り方を中心に高等教育システムを「私立周辺型」、「私立補完型」、「私立優位型」に3分

類し、高等教育拡大と各類型間の関係を移行モデルとして考察している。

　第一類型の「私立周辺型」は、公立セクターが中核を占める中国、ベトナム、マレーシアであり、これらの諸国では最近になって、私立高等教育機関の認可がなされ、公立セクターの周辺部分を形成しているにすぎない。第二類型の「私立補完型」は、「歴史的には公立セクターが大学の中核を形成していたが、その周辺部に位置していた私立セクターが高等教育拡大のアクターとして急速に拡大し、公立セクターを補完し量的にはそれに匹敵ないし凌駕するまでに成長してきた」として、タイとインドネシアをその例に上げる。第三類型の「私立優位型」の国は、「歴史的には国立大学が高等教育システムの中核を形成してきたが、拡大をリードしてきたのは常に私学セクターであった」日本、韓国、フィリピンがこの類型に属すとしている。馬越の移行モデルの定義は必ずしも明確ではないが、この類型化は、アジア全体を俯瞰する視点として意義あるものと考える。

図０－１　私立セクター類型の移行モデル（馬越2007：189）

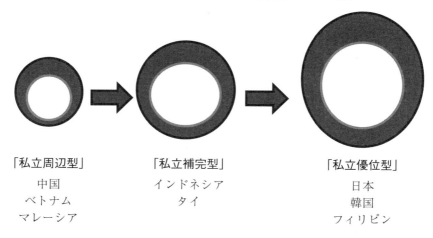

「私立周辺型」　　　「私立補完型」　　　「私立優位型」
中国　　　　　　　インドネシア　　　　日本
ベトナム　　　　　タイ　　　　　　　　韓国
マレーシア　　　　　　　　　　　　　　フィリピン

インドネシアの私立高等教育の発展

　第2代大統領スハルトの統治下で本格的な経済開発が始まり、1970年代から90年代の半ばにかけて飛躍的な経済成長を成し遂げた。着実な経済発展による生活水準の向上とともに、国民の進学意欲は高まり、教育の普及・拡大が進んできた。

　スハルト体制下では、1969年から5カ年ごとに「開発5カ年計画（Repelita）」が策定され、教育を含む分野別の具体的な発展計画や到達目標が示された。84年には6年間の義務教育が導入され、94年には義務教育が9年間に延長された。初等中等教育の普及、さらには、経済発展に伴う高度な知識や技能を持つ人材への需要の高まりを背景に、高等教育への進学者も順調に増加し、高等教育粗就学率[1]は28.57％（2012/13年）に達した。

　こうした高等教育の拡大に大きな役割を担ってきたのが私立高等教育である。インドネシア独立後、初めての高等教育の基本法である「高等教育機関法（1961年法律第22号）」[2]において、国立と並んで私立の高等教育も法的に位置づけられ、1980年代の初めには私立高等教育機関の在学者数が国立機関を上回った。2012/13年の高等教育機関数は3,854に上るが、その96.1％は私立である。一方、学生数では私学の比率は全体の67.1％にとどまる。これは、小規模な学校種であるアカデミー（Akademi）や単科大学（Sekolah Tinggi）のほとんどが私学であり、その他の学校種でも私立は国立に比べて一般に学生規模が小さいからである。

　学校教育は教育文化省管轄の一般教育体系と宗教省管轄のイスラーム教育体系の二つの系統が存在しているが相互の乗り入れが可能な仕組みである。例えば、イスラーム小学校の卒業生が教育文化省管轄の中学校に進学し、逆に、教育文化省管轄の小学校からイスラーム中学校への進学も可能である。本書では高等教育の全体像を明らかにするため、できる限り、宗教省傘下のイスラーム高等教育機関も含めて記述したが、資料の制約もあり、第Ⅱ部の考察については、教育文化省傘下の私立高等

教育機関が分析対象となっていることをお断りしておきたい。

国立大学の財政・運営面での私的側面の拡大

　世界的に私立高等教育が拡大する一方、米澤（米澤2010：15）が指摘するように国公私立という設置者の違いを問わず高等教育の運営や活動における私的な側面が拡大し、公と私の区分が曖昧化・複雑化している。日本では、2004年に国立大学の法人化という形で行われた「プライバタイゼーション」もその一例であり、国立と私立の違いが小さくなっている。

　インドネシアにおいても1990年代に入ると国立大学の法人化が検討され、2000年から順次法人化された。さらに、2003年の「国民教育制度法（2003年法律　第20号）」[3]では、国立大学にとどまらず、私立を含めたすべての学校教育の実施主体を「教育法人（Badan hukum pendidikan）」とすると規定され、これを具体化するために2009年に「教育法人法（2009年法律　第9号）」[4]が制定された。しかし、この法律は国の教育に対する責務を規定した憲法に反するとして、2010年に違憲判決[5]を受けた。2012年には、「高等教育法（2012年法律　第12号）」[6]が制定され、国立大学の経営形態についても再整理された。

　以上の動向は、主として国立大学の経営をめぐって展開されたものであるが、私立高等教育の経営の枠組みにも直接・間接に影響を与えており、本書においてもこれらを視野においた。

3　先行研究の検討

　インドネシアの私立高等教育に関する先行研究として、先ず、世界やアジアの私学高等教育を比較して論じているものを検討し、次いで、インドネシアの高等教育研究を考察の対象とする研究の中で、私学高等教育についても取り上げているものを検討する。

私立高等教育の国際比較研究

　アルトバックは世界の各国で拡大する私学高等教育の比較検討を行い、また、馬越は、アジアの私立高等教育に着目して、私学セクターの類型別移行を提案する。カミングスは、高等教育にとどまらず、アジアの各国の私学教育全般について、私学教育の拡大の理由を考察している。さらに、レヴィは、「同型化」という概念を用いて、私立高等教育がもたらす多様化の限界について論じる。

①アルトバックの研究

　アルトバック（Altbach, P.G.）は私学高等教育の急激な拡大に注目し、世界各国の私学高等教育を比較している（アルトバック2004：7-24）。私学高等教育の空前の拡大の背景には、政府が拡大する高等教育への需要に見合う財政支援をできなくなっていること、さらに、高等教育が「私的財」で個人を益するためのものだという、高等教育観の変化があるとし、「この、市場経済とプライバタイゼーションの論法により、私学高等教育は復活し、またこれまで存在しなかった国では新たに台頭し始めている」と述べる。

　同氏は、私学高等教育が今後も成長し続けるとし、私学高等教育の役割とその直面する特有の問題について検討することが求められるとする。このため、世界各国の私学高等教育の特徴を比較し、私学高等教育の問題点として、私立高等教育機関の財源はいかに賄われるべきか、営利型の私立高等教育機関の出現をどう考えるべきか、私立高等教育機関の適切な自律性はどの程度なのか、私学高等教育の多国籍化をどう考えるかなどの問題を提起する。

　これらの考察は、私立高等教育機関数や学生数、政治体制、政府の私学への財政支出などを踏まえ、各国の私学高等教育を比較した上でなされている。アジアの私学高等教育が最も強力と述べ、アジア各国の私学高等教育の発展の状況に言及している。同氏は、私立高等教育機関の財政の問題、宗教団体や営利団体などの私立高等教育機関の設置組織の在

り方、私立高等教育機関の自律性の程度など、私学高等教育について検討するに当たって重要な視点を提示している。本研究における考察する際にも参考にした。

②馬越の研究

上述のように、馬越（馬越2007：188-97）は、高等教育拡大における私立セクターの役割を念頭に、アジア各国における私学セクターの類型別移行モデルを提案した。馬越の類型化は、アジア全体を俯瞰する視点として意義あるものと考えるが、馬越によるインドネシアの私立高等教育の検討は、私立高等教育機関数と学生数の変化を基にした考察にとどまり、以下の課題がある。

第一に、高等教育の発展の指標として学校数、学生数の検討にとどまっている。馬越は小規模なカレッジが様々な専門領域を持つ総合大学へと改編されると述べるが、その過程を明らかにするためには、学校数の推移にとどまらず、設置者に着目した学校の拡大、転換、閉鎖などの動向を把握した上で、設置者の経営行動についても可能な限り明らかにする必要がある。

第二に、政府の設置認可に係る考察が、十分ではない。馬越はカミングスの研究を取り上げて、オランダ植民地時代にエリート教育は公立、大衆教育は私立という分離政策をとり、土着の私立セクター（大衆教育）に寛容的だったことが、独立後の私立セクター拡大の素地となったとする。こうした事情は、確かに私学高等教育の拡大の背景にあったと思われるが、具体的な私立高等教育機関の設置認可は、高等教育に関する初めての基本法である、「高等教育機関法（1961年法律 第22号）」などの関係法令に基づいて実施されてきた。したがって、私学高等教育の発展について検討するに当たっては、設置認可を中心とする高等教育行政の歴史的な動向を丁寧に検討することが必要である。

第三に、私学高等教育の質的側面である。馬越の類型化の「私立優位型」の例として韓国があげられており、馬越の類型には質的な側面も指

標となっているものと考えられる。しかしながら、インドネシアの私学高等教育の質的側面については言及されていない。

　第四に、私立高等教育機関への進学者について、その経済的な検討がなされていない。私学高等教育の発展の原動力として、経済発展と社会の多様な需要の出現を上げているが、学生の進学の背景となる経済的な負担の問題について検討する必要がある。

　本書では以上の課題について検討を試みた。

③カミングスの研究

　カミングス（Cummings, William K.）は東アジアで目覚ましい発展を遂げる私学教育に着目し、その促進要因について検討している（Cummings1997：135-52）。カミングスによると、英国やオランダが植民地における教育政策として採用したのは、小規模なエリート教育を英語やオランダ語で実施する公立学校と大規模で多様な層に現地語で教育を提供する私立学校という、階層構造を踏まえた施策であった。これは、他の欧州諸国が総合的な公立教育で植民地の教育にアプローチしたのとは対照的であった。英国やオランダは大衆教育を私学教育に担わせた。

　インドネシアの場合は、1945年に独立宣言をし、オランダとの独立戦争となったが、様々な現地の教育機関の若者や教員が独立戦争で大いに貢献した。こうした貢献に報いるため、独立後に政府は、それらのグループが教育事業を実施できるよう、寛大な法的配慮を行った。他のアジア諸国に比べて、私立学校の設置に関する規制は緩やかだった。多くのイスラーム学校が宗教省の傘下に置かれ、また、私立のキリスト教系の学校、タマン・シスワ（Taman Siswa）のような独立した学校、ムハマディヤ（Muhammadiyah）のような幾つかのイスラーム学校は教育省の私立学校当局の傘下に置かれた。

　カミングスは、以上のような検討の結果、私立学校全体にわたり、アジアの私学教育がなぜ発展したのか、その要因について明らかにしている。分析対象が学校教育全体にわたり、高等教育についての詳細な分析

は含まれないが、インドネシアの独立前後の経緯が私立高等教育の発展に果たした影響など示唆に富むものである。

④レヴィの研究

　レヴィ（Levy, Daniel C.）は、アルゼンチン、中国、ハンガリーというプライバタイゼーションが進む3か国を事例に「同型化」という概念を用いて、私立高等教育機関がもたらす多様化の限界について論じている（レヴィ2004：25-63）。私立高等教育機関の設置に当たっては政府や公立の高等教育機関から「同型化」の力が働くと説明する。興味深い指摘であり、インドネシアにおいても国立大学や政府の私学に対する「同型化」の力は相当程度働いていると思われる。本研究においてもこの観点から私立高等教育機関と国立機関との比較に留意した。

インドネシアを対象とする高等教育研究

　ブホリら、西野は、私学高等教育を検討対象の一部として、インドネシアの高等教育全般の考察に以下の通り取り組んでいる。

①ブホリらの研究

　ブホリ（Buchori, Mochtar）らの研究では、先ず、歴史的な視点から、オランダ植民地以前、植民地時代（1831年〜1942年）と日本占領（1942年〜1945年）、再建期（1945年〜1950年）、国家の独立と拡大期（1950年〜1965年）について、記述をおこない、次いで、問題点として、教育学習システム、入学とアクセス、教育の質、教育のレバランス、アクレディテーション・システム、私的セクターの役割、イスラームと高等教育、高等教育と政治について論じている（Buchori & Malik 2004：249-77）。

　ブホリらは、私学の経営面についても考察を行っている点で注目に値する。高等教育の量的拡大が私学高等教育によって担われており、その質の向上が重要な課題となっているが、現状では、私学の経営に当たる

財団は学生からの授業料に依存し、他の財源確保に一般に熱心ではない。したがって、財政基盤が脆弱であること、また、その組織が硬直的であることなどの問題点を指摘している。経営者である財団についても検討の対象となっており、本研究の参考となった。ただし、設置者単位での大学の動向や経営行動については考察の対象としていない。

②西野の研究

　西野はインドネシアの高等教育機関の基本構造、高等教育の量的発展と問題点、1990年代の改革課題とその成果について考察している（西野2004：101-23）。私立と国立の高等教育機関数やその学生数の比較から、「インドネシアにおける私立高等教育機関の役割はきわめて大きい」とし、その拡大の背景には量的拡大を優先する設置認可行政の存在があると述べている。

　また、西野は、国立大学を到達目標とするステータス・システムによって私立高等教育の質の保証がなされてきたと記述している。さらに、インドネシアにおける私立大学への助成は、私立大学教員の一部に公務員の地位を持つ者がおり、その給与の支払いを国が行うという形で実施されていることを明らかにしている。

さらに、西野は2000年の4つの国立大学の国有法人（Badan Hukum Milik Negara：BHMN）への移行に始まる国立大学の法人化の経緯について紹介している。

　このように、西野はインドネシアの私学高等教育の設置行政、私学高等教育への助成、さらには、国立大学の法人化という形で進む、プライバタイゼーションについて紹介しており、本研究において設置行政について検討する上で活用した。

4　本書の視点と構成

　本書では、先ず、第Ⅰ部でインドネシアの私立高等教育の姿をできるだけ多角的な視点から考察して、高等教育の発展の中で私立の高等教育

が果たした役割を明らかにすることを目指した。

　第Ⅱ部では、インドネシアの私立高等教育の発展の仕組みと特徴を検討するため、政府の設置認可行政と私立高等教育機関設置者の経営行動の相互作用に着目した。なお、政府の私学に対する財政的支援も私立高等教育に影響を及ぼすと想定されるが、第Ⅰ部の私立高等教育の経済的側面の検討により政府の財政支援が限定的であることが明らかになったので、政府側については設置行政のみを検討対象とした。

　終章において、第Ⅰ部と第Ⅱ部の結果を基にインドネシアの私立高等教育機関の発展の特徴とさらなる発展のための課題を整理した。

図0－2　本書の構成

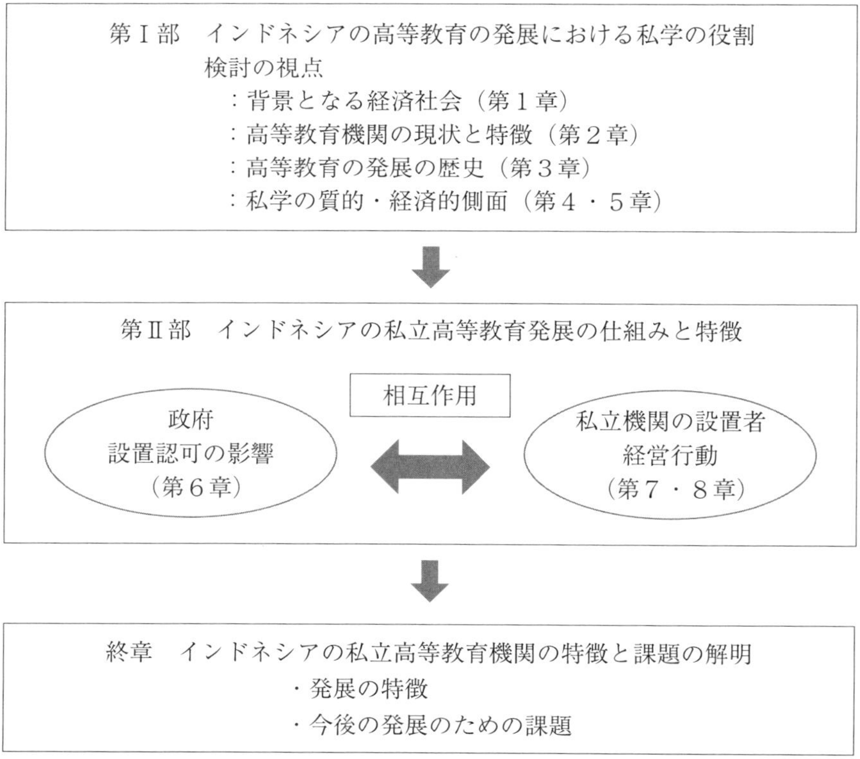

```
第Ⅰ部　インドネシアの高等教育の発展における私学の役割
　　　　検討の視点
　　　　　　：背景となる経済社会（第1章）
　　　　　　：高等教育機関の現状と特徴（第2章）
　　　　　　：高等教育の発展の歴史（第3章）
　　　　　　：私学の質的・経済的側面（第4・5章）
```

```
第Ⅱ部　インドネシアの私立高等教育発展の仕組みと特徴
```

政府
設置認可の影響
（第6章）

相互作用 ⇔

私立機関の設置者
経営行動
（第7・8章）

```
終章　インドネシアの私立高等教育機関の特徴と課題の解明
　　　　・発展の特徴
　　　　・今後の発展のための課題
```

5 資料

　本書では、高等教育行政や政策の動向、高等教育機関の数や学生数の推移、設置者単位の組織や学生数の動向などを明らかにするため、インドネシア教育文化省の統計資料や行政文書などの文献を用いた。なお、教育文化省は1999年に国民教育省へと名称変更され、2011年には再び、教育文化省へと名称変更された。

① 学校基本統計

　統計資料として主に用いたのは、教育文化省教育情報統計センター（Pusat Data dan Statistik Pendidikan, Kementerian Pendidikan dan Kebudayaan）が発行する「インドネシア教育統計2012/2013年（Indonesia Educational Statistics in Brief 2012/2013）」と国民教育省高等教育総局（Direktorat Jenderal Pendidikan Tinggi, Departemen Pendidikan Nasional）が作成した「インドネシア高等教育機関概観2009年（Perspektif Perguruan Tinggi di Indonesia Tahun 2009）」である。

② 私立高等教育機関の動向に関する資料

　私立高等教育機関の学校数や学生数の動向、さらには設置者単位の組織や動向を明かにするため、教育文化省高等教育総局私立高等教育機関局（Direktorat Ferguruan Tinggi Swasta, Direktorat Jenderal Pendidikan Tinggi, Departemen Pendidikan dan Kebudayaan）による「インドネシア私立高等教育機関一覧1998/1999年（DIREKTORI Perguruan Tinggi Swasta di Indonesia 1998/1999）」、国民教育省高等教育総局（Direktorat Jenderal Pendidikan Tinggi, Departemen Pendidikan Nasional）による「インドネシア私立高等教育機関一覧2006年（DIREKTORI Perguruan Tinggi Swasta di Indonesia 2006）」、及び教育文化省高等教育総局私立高等教育機関調整事務所Ⅲ（Kopertis Perguruan Tinggi Swasta Wilayah Ⅲ, Direktorat Jenderal Pendidikan Tinggi, Kementerian Pendidikan dan Kebudayaan）による「私立高等教育機関調整事務所Ⅲジャカルタ私立

高等教育機関一覧2012年（DIREKTORI 2012-Perguruan Tinggi Swasta Kopertis Wilayah Ⅲ Jakarta）」を用いた。これらの資料はインドネシアの私立高等教育機関関係者のために各機関の住所、設置者、教育プログラム、学生数等の情報を掲載したものである。本書ではこれによって、1998年度、2004年度及び2010年度の私立高等教育機関の状況を把握した。

③　私立高等教育の歴史

　私学高等教育の歴史的な変遷については、国民教育省高等教育総局（Direktorat Jenderal Pendidikan Tinggi, Departemen Pendidikan Nasional）が2003年に発行した「インドネシア高等教育の歴史（Pendidikan Tinggi Indonesia dalam Lintasan Waktu dan Peristiwa）」及び教育文化省が1997年に作成した「インドネシアの教育開発（Education Development in Indonesia）」を活用した。

　また、私学高等教育行政の変遷や現状について、1999年から2007年の間、高等教育総局長（Direktur Jenderal Pendidikan Tinggi）として高等教育行政のトップにあった、サトリオ・スマントリ・ボジョネゴロ（Satryo Soemantri Brojonegoro）氏に2度にわたりインタビュー（2012年9月6日、2013年5月20日）を行い、参考にした。

④　大学史

　私立大学の経営行動に関する考察のためには、大学首脳部の意思決定や運営の実態に係る資料について考察が必要である。このために参考にしたのが「パンチャシラ大学史2004年（Sejarah Universitas Pancasila 2004）」である。パンチャシラ大学は首都ジャカルタに位置し、1960年代に創設された比較的大規模な大学であり、インドネシアの都市型の私立大学の典型例の一つである。インドネシアの私立大学の公開情報は限られており、大学首脳部の意思決定や運営の実態に係る資料を入手することは極めて困難であるが、同大学史は、1960年代に創設されて2004年に至るまでの大学運営への取組が記載された資料である。

このほか、筆者が2010年10月から3年間にわたってJICA（独立行政法人国際協力機構）専門家として勤務したインドネシア教育文化省高等教育総局における業務を通じて交流した高等教育行政関係者や私立大学関係者から得た知見や多数の私立大学、国立大学への訪問で得た経験も本書における検討の参考となっている。

　なお、インドネシアでは統計資料が一般に乏しく、また、行政資料の誤記も多いのが現状である。このような制限の中で得られた資料での検討となったことをお断りしておきたい。今後の質の高い高等教育行政の実現のためにも大学情報の整備や公開が極めて重要な課題であることを指摘しておきたい。

注
（1）高等教育粗就学率は19歳～23歳の全人口に対する高等教育機関在籍者総数の割合。
（2）Undang-Undang Nomor 22 Tahun 1961 tentang Perguruan Tinggi
（3）Undang-Undang Nomor 20 Tahun 2003 tentang Sistem Pendidikan Nasional
（4）Undang-Undang Nomor 9 Tahun 2009 tentang Badan Hukum Pendidikan
（5）Putusasan Nomor 11-14-21-126-136/PUU-VII/2009
（6）Undang-Undang Nomor 12 Tahun 2012 tentang Pendidikan Tinggi

第Ⅰ部

インドネシアの高等教育の発展における私学の役割

カトリック・インドネシア・アトマジャヤ大学。首都ジャカルタ中心部に位置する私立大学。

第1章　インドネシアの社会経済の発展の現状

　本章では、高等教育の発展の背景となる、インドネシアの社会経済の発展の現状について記述する。先ず、政治体制（第1節）の状況について検討し、次いで、経済発展（第2節）の状況を概観する。

第1節　政治体制の状況

1　「多様性の中の統一」

　インドネシアはジャワ、スマトラ、スラウェシ、カリマンタン、パプアの各島から無人島まで大小1万8千余りの島々からなる世界最大の群島国家である。陸地面積は日本の約5倍、国土の東西の距離は5,100kmでアメリカ合衆国本土の東西の距離に相当する。人口は世界第4位の2億4,686万人（2012年）に及び、その88.1％はイスラーム教徒であるが、建国以来、「パンチャシラ（Pancasila）」[1]を国是として、唯一神への信教の自由を保障しており、イスラーム教徒のほか、キリスト教9.3％、ヒンズー教1.8％、仏教0.6％、儒教0.1％、その他0.1％となっている（2010年、宗教省）。

　このように、広大な国土に多くの人々が住む島々に大別して27の民族が存在し、それぞれに独自の言語がある。インドネシア語は、それらを統一する公用語であり、独立前からマラッカ海峡周辺で交易のために用いられていたマレー語に由来する。オランダからの独立を目指した、インドネシアの青年たちは、1928年10月28日の「青年の誓い」をたてたが、そこで謳われたのが、インドネシア民族としてのまとまり、インドネシア語を統一言語として用いることであった。

　1945年に独立を宣言したインドネシアは対オランダ独立闘争を経て1949年末に独立主権国家として国際的に承認された。スカルノ初代大統領の時代は政治的な混乱や経済の低迷が生じたが、1965年の「9月30日事件」[2]をきっかけに政治の実権はスカルノから陸軍少将スハルトに

移った。

　1968年3月、第2代大統領に就任したスハルトは「開発（Pembangunan）」を国家目標として経済開発に実績を上げるとともに、巧みな統治システムを構築し、開発独裁体制として30年間にわたり君臨した。

スカルノ初代大統領

スハルト第2代大統領

2　「改革」の時代

　1997年7月、タイの通貨バーツの急落に始まったアジア経済危機は、インドネシアの通貨ルピアの急落を招き、社会は深刻な経済不安に陥った。政府は国際通貨基金（IMF）の金融支援を取り付け、危機からの脱却を試みたが、経済の崩壊は止まらず、1998年5月に30年以上続いたスハルト体制が崩壊した。その後、ハビビ大統領、ワヒド大統領、メガワティ大統領へと政権が移行する「改革」の時代を迎えた。この間、1999年から2002年に至るまで4回にわたって毎年、憲法の改正が行われた。民主化、地方分権化が進められ、統治機構の再整理も行われた（図1－1）。

　2004年には建国史上初めての直接大統領選挙によりスシロ・バンバン・ユドヨノ大統領が選出された。不安定な政治情勢の中でも制度改革が着実に進められ、民主政治が定着し、「いまやインドネシアは、イスラーム教徒が多数派でありながら安定した民主政治を実現している新興民主主義国の「モデル」という評価を国際的に得つつある（川村2014：3）。」

図1-1　第4次憲法改正以後のインドネシア統治機構

出典：佐藤百合「経済大国インドネシア―21世紀の成長条件」(2011:74)

　一方で、川村は（同上：14-25）政府の政策決定力・実行力の欠如を指摘している。インドネシアの政治制度自体が政治指導者のリーダーシップの発揮を妨げているとして、弱い大統領、多党制、積極的な司法という3つの特徴を上げる。このうち、積極的な司法とは、2003年に創設された憲法裁判所が政策決定のプロセスにおいて「拒否権プレーヤー」となっていることである。政府の重要政策に対しても積極的に違憲判決を出す憲法裁判所の行動に行政や議会からも「行き過ぎ」との批判が出されている。このような中、ユドヨノ大統領は2期、10年間に及ぶ任期を終え、2014年10月、ジョコ・ウィドド第7代大統領が誕生した。同大統領は、元軍人でもエリート層出身でもない、始めての大統領として注目を浴びている。

スシロ・バンバン・ユドヨノ第6代大統領

ジョコ・ウィドド第7代大統領

第2節　経済発展の状況

1　新興経済大国へ
続く順調な経済成長

　第2代スハルト大統領の統治下、1968年から96年の成長率は年平均7.0％に達した。1997年7月のアジア通貨危機を契機にスハルト体制が崩壊し、経済は低迷を極めたが、政府はIMFとの合意に基づき、経済構造改革を行い、その後、政治体制の安定や個人消費の拡大を背景として、経済は好調に推移している。経済成長率は2010年以降6％台で推移し、また、一人当たり名目GDPも2011年には3,000ドルを超えた。

表1－1　経済成長率（実質）

年	2008	2009	2010	2011	2012	2013	2014
経済成長率％	6.1	4.6	6.1	6.1	6.2	5.8	5.0

出典：インドネシア政府統計

表1－2　一人当たりGDP（名目）

年	2007	2008	2009	2010	2011	2012	2013
一人当たりGDP（名目）単位：ドル	1,862	2,191	2,349.8	2,977.0	3,498.2	3,562.9	3,500

出典：インドネシア政府統計

　インドネシアはASEANの総人口の4割を占めるが、経済面でも存在感を増している。ASEAN諸国の2011年の名目国内総生産（GDP）を見ると、インドネシアの一人あたりのGDPは第5位にとどまるが、1国当たりのGDPでは、インドネシアは8,468億ドルで最も多く、次いで、タイ3,697億ドル、マレーシア2,879億ドル、シンガポール2,599億ドル、フィリピン2,248億ドル、ベトナム1,236億ドルとなっている。

「経済開発加速・拡大マスタープラン」

2011年5月に政府が発表した「インドネシア経済開発加速・拡大マスタープラン2011～2025年（MP3EI）」は成長を持続させるための設計図とも呼ぶべきものであり、全国の各島にインフラ網で連結された経済回廊を形成する構想である。2025年に世界の10大経済国に入ることを目標とし、2025年までに、名目GDPを2010年比で約6倍に増加させる。

「インドネシアは今、世界第4位の人口規模に見合った経済規模を実現しようという明確な目的意識を持つに至った。世界第何位という具体的な目標が公的文書に明記されたのは初めてのことである。ここに、この「マスタープラン」の歴史的な意義がある（佐藤2014：65-6）」。この構想の実現のために、人材養成や研究の拡充が喫緊の課題となっており、高等教育に対する期待も高まっている。

2　ジャワ島への一極集中と富裕州の出現

ジャワ島は、ジャカルタ特別州、西ジャワ州、バンテン州、中ジャワ州、ジョグジャカルタ特別州、東ジャワ州の6州から成り、その面積は、国土の6.8％を占めるに過ぎないが、総人口の57％が住んでいる。ジャカルタ特別州に隣接する2州の4市3県を含むジャボデタベクと呼ばれる首都圏の人口は2,664万人（2010年）に上る。このほか、ジャワ島内には人口100万を超える都市として、西ジャワ州都バンドン、中ジャワ州都スマラン、東ジャワ州都スラバヤがある。ジャワ島では、都市部とともに農村部を含め、「島全体が人口稠密な市場を形成している（佐藤2011：47-9）」。

ジャワ島以外で人口100万人を超える都市として、スマトラ島では、北スマトラ州都メダン、南スマトラ州都パレンバン、スラウェシ島の南スラウェシ州都マカッサルがある。

表1－3　人口100万人以上の都市（2010年）

都　市	州	人口（千人）
ジャカルタ	ジャカルタ特別州	9,608
スラバヤ	東ジャワ州	2,765
バンドン	西ジャワ州	2,395
メダン	北スマトラ州	2,098
タンゲラン	バンテン州	1,799
スマラン	中ジャワ州	1,556
パレンバン	南スマトラ州	1,455
マカッサル	南スラウェシ州	1,339

出典：United Nations Statistics Division, "Demographic Yearbook"（https：//unstats.un.org/unsd/demographic/products/dyb/dyb2.htm, 2014.3.20）により筆者作成。

　一方、近年、資源を持つ地方州の豊かさが目立ってきている。これは、スハルト政権崩壊後に地方分権が進み、鉱業、林業、水産業などの資源収入はその80％を地元に還元するという方針が、1999年中央・地方財政均等法で定められたことによる。

　ジャカルタに次いで1人当たり支出水準が高いのは、東カリマンタン州、スマトラ島東岸のマラッカ海峡に面したリアウ州、リアウ群島州、バンカ・ブリトゥン群島州である。首都を除くと支出水準が高い州は資源が豊かである。例えば、東カリマンタン州クタイ・カルタヌガラ県では潤沢な県の財政資金で文化遊興施設の建設や小学校から高校までの学費が全面的に無料となっている（同上：51）。

　従来、高等教育についてもジャワ島への一極集中と言われてきたが、これらの富裕州の出現は新たな高等教育の機会の提供につながるものと思われる。

3　長く続く「人口ボーナス」

　インドネシアの2000年～2010年の人口増加率は1.49％であり、1990年代の1.45％よりも高く、また、世界の人口増加率1.20％よりも高かっ

た。これは、スハルト政権の崩壊後、人口抑制もストップしていたことを裏付けるものである（佐藤2011：30-8）。

　総人口に占める「生産年齢人口（15～64歳）」が占める割合（生産年齢人口比率）が上昇していく局面が「人口ボーナス」である。インドネシアでは、1970年頃から2030年にかけて60年ほど続く可能性が高い。これから2030年までの約20年間、インドネシアは生産年齢人口比率が高く、従属人口に対する負担が軽い、人口ボーナス効果の大きい局面にさしかかり、次の20年はインドネシアにとって先進国へのキャッチアップに最も適した時期になる。

　しかし、人口ボーナスが成長促進効果をあらわすには、出生率の低下を継続させることと、生産年齢人口に対して就業の機会を与えることが条件である。このため、出生率の低下政策とともに、労働の供給面として、産業部門が労働力をいかに吸収するかという需要面の政策が必要である。このうち、労働供給の面では、短期的な効果が見えにくいがその地道な政策努力が必要である（同上：30-8）。

4　中間層の拡大と消費の高まり

　経済の順調な成長に伴い、中間所得層が拡大していることが高等教育への需要の高まりを促進していると思われる。佐藤（2011：39-45）は「通商白書」では年間世帯可処分所得5,000～35,000ドル（名目ドル）、世界銀行やアジア開発銀行（ADB）は1日1人当たり支出2～20ドル（年間世帯支出2,880～28,800ドル）と定義は異なり、「中間層を精確に把握するのは、なかなか難しい」としながら経済産業省「通商白書」、ADB、世界銀行の各種推計から、「インドネシアの中間層は2000年代後半に順調に拡大し、2010年には総人口の半数を超えたとみられる」としている。

　倉沢（倉沢2013：211-40）は首都ジャカルタ郊外の調査を通じて、低所得者が住む地区においても幼児教育熱の高まりや学習塾やエリート校の出現という現象が最近起こっており、その背景には、1日当たり2～6ドルの消費レベルで必ずしも経済力はないが、消費行動においては、

「中間層」と類似した行動をとる「疑似中間層」の出現があると述べている。

　また、間瀬（間瀬2013：69-72）はジョグジャカルタ特別州のフィールド調査を通じ、ポスト・スハルト期の順調な経済成長を背景とする、国立大学を含む有名大学の学生の富裕化について、ジョグジャカルタ州スレマン県デポック郡の「大学生が身に着けている消費のスタイルや価値観は、10年ほど前の大学生のそれらと見るからに違う」と観察している。高等教育が一貫して拡大している背景には、こうした疑似中間層の出現や生活や消費水準の向上が影響している。

アイススケート・コーナーを設けたショッピング・モール（ジャカルタ）

第3節　小　括

　30年以上に及んだスハルト体制は1997年のアジア経済危機を契機に崩壊したが、その後の「改革」の時代を経て、民主化や地方分権化が進み、2004年には始めての直接大統領選挙でユドヨノ大統領が誕生するなど民主政治の定着が進んでいる。一方、政治のリーダーシップの欠如が指摘されているが、2014年には元軍人でもなく、エリート層の出身でもない初めての大統領としてジョコ・ウィドド氏が就任し、その手腕が注目されている。

　以上のように政治が安定する中、経済の面ではスハルト体制崩壊後の一時的な混乱を乗り越え、順調な発展が続いている。政府は「経済開発加速・拡大マスタープラン2011～2025年」を公表し、世界の10大経済国に入ることを目標に掲げている。さらに、2030年までの期間は人口ボーナスの効果が高い局面にさしかかることも先進国へのキャッチアップへの大きなチャンスとなっている。

　これらの機会を活かして、更なる発展を成し遂げるためには、生産年齢人口をいかに労働力として就業させるかが課題となっており、このため、教育、特に高等教育の充実が重要な鍵を握っている。また、中間層の拡大や「擬似中間層」の登場などにより、高等教育需要はさらに拡大を続けると思われる。

注
（1）パンチャシラ（Pancasila）はインドネシア共和国の建国五原則である。唯一全能神信仰、インドネシア民族主義による単一国家、人道主義に基づく国際主義、代表制・合議制による民主主義、経済的繁栄による社会正義の実現の5つからなる。
（2）1965年9月30日の深夜から10月1日未明にかけて大統領親衛隊を中心とする「9・30」運動グループの中堅将校らが陸軍大臣を初めとする高級将校6人を拉致・殺害し、革命評議会の樹立を宣言した事件。真相は明らかでないが、この事件の背後に共産党の存在があるとされ、共産党関係者の逮捕・殺害が行われた。

第2章　インドネシアの高等教育の現状と特徴

　本章では、私立高等教育に着目しつつ、高等教育の現状とその特徴について考察する。先ず、学校教育制度全体（第1節）及び高等教育制度（第2節）について概観し、次いで、私立と国立を比較しながら、高等教育の機関数、学生数、教育内容、教員体制について検討する（第3節）。

第1節　学校教育制度の現状

1　学校教育制度の概要

　インドネシア共和国1945年憲法[1]第31条において、すべての国民は教育を受ける権利を有すること（第1項）、すべての国民は基礎教育を受ける義務を持ち、政府はその費用を負担する義務を有すること（第2項）、国は国民教育の実施のため、国家予算及び地方予算の少なくとも20％を優先的に教育予算に充てること（第4項）、と規定している。

　学校教育制度の基本的事項を定めるのは2003年に制定された「国民教育制度法（2003年法律　第20号）」[2]である。義務教育は9年間であり、7歳から15歳のすべての国民は、基礎教育を受ける義務を負う（第6条）とされ、中央政府及び地方政府は、費用を徴収することなく、最小限の義務教育の実施を保障する（第34条）とされるが、実際には、制服などの諸経費で家庭の負担分も存在するので、経済的な理由から進学ができない事例も見られる。

　学校の修業年限は、小学校6年、中学校3年、高校3年、大学（学士課程）4年となっている。小学校、中学校及び高校については、卒業時に政府が実施する全国統一試験（Usian Nasional）があり、これに合格することが、修了の条件となっている。不合格の場合は留年となり、また、学業の優秀な学生の場合には、飛び級も散見される。このため、同学年に在籍する学生の年齢には幅が見られる。

　インドネシアでは教育文化省管轄と宗教省管轄の2つの体系の教育が

図2−1　インドネシアの学校教育制度

年齢	宗教省管轄	教育文化省管轄				
26	イスラーム博士課程	博士課程	応用博士課程			
25						
24	イスラーム修士	修士課程	応用修士課程			
23						
22						
21	イスラーム学士課程	学士課程	D4			
20				D3		
19					D2	D1
18	イスラーム高校	普通高校	職業高校	イスラーム職業高校		
17						
16						
15	イスラーム中学校	中学校				
14						
13						
12	イスラーム小学校	小学校				
11						
10						
9						
8						
7						
6	イスラーム幼稚園	幼稚園				
5						
4						

出典：Ministry of Education and Culture, 2013, "Indonesia Educational Statistics in Brief 2012/2013"及び「高等教育法（2012年法律第12号）」に基づき、筆者作成。

あり、両省の管轄下にそれぞれ幼稚園から高等教育機関まで存在するが、憲法第31条第3項に定めるように一つの国民教育制度として運営されており、体系間の移動も可能となっている（図2−1）。1999年の地方行政法（1999年法律　第22号）[3]の制定により初等中等教育の実施に関する事務の所管は県（kabupaten）・市（Kota）レベルに移譲されたが、高等教育は中央の教育文化省高等教育総局が直接所管している。また、宗教省管轄下の学校は、中央の宗教省が所管している。

2　学校教育の普及・拡大
着実な就学率の向上

近年、学校教育の普及・拡大が進んでおり、2012/13年の純就学率[4]は、小学校95.71％、中学校78.43％、高校58.25％である。小学校段階では、ほぼ完全な就学が達成されている。

粗就学率の近年の推移を見ると（表2−1）、中学校では、1995/96年の62.32％から2012/13年の100.16％へと37.84ポイントの上昇、高校では、1995/96年の36.03％から2012/13年の78.19％へと42.16ポイントの上昇となっており、中学校や高校への就学も近年、着実に進んでいることがわかる。さらに、高等教育機関への粗就学率も1995/96年の16.96％から2012/13年の28.57％へと11.61ポイントの上昇である。

表2−1　粗就学率の推移

	1995/96	2000/01	2005/06	2010/11	2012/13
小学校（注）	111.88	112.86	113.85	115.33	115.88
中学校	62.32	73.00	74.25	98.20	100.16
高校	36.03	40.46	49.85	70.53	78.19
高等教育機関	16.96	21.04	19.48	26.34	28.57

出典：Ministry of Education and Culture, 2013, "Indonesia Educational Statistics in Brief 2012/2013"に基づき、筆者作成。
（注）粗就学率は一定の教育レベルにおいて、教育を受けるべき年齢の総人口に対し、実際に教育を受けている（年齢にかかわらない）人の比率である。粗就学率が100％を超えている場合には留年で卒業できない生徒や進級が遅れている生徒の存在が想定される。

以上のように、小学校への完全就学がほぼ実現し、中学校、高校、さらには、高等教育機関への就学率も近年、着実に増加していることがわかる。

高い私立の割合

　学校数を設置者別に見ると、全体的に私立が多いことが特徴である。教育文化省管轄下の小学校や中学校では、私立学校の割合が、それぞれ、9.7%、37.2%にとどまるが、その他の学校種では私立学校の割合が大きい。高等教育機関についても、教育文化省傘下の機関の97.0%、宗教省傘下の機関の92.0%が私立となっている（表2-2）。

　義務教育段階の小学校や中学校では、イスラーム小学校やイスラーム中学校の9割以上が私立であり、教育文化省傘下の中学校もその37.2%は私立となっている。このように、国の責務とされる義務教育についても私立への依存が大きい。

表2-2　設置者別学校数（2012/2013年）

所轄	学校種	国立	私立	合計	私立の割合
教育文化省	幼稚園	2,637	68,719	71,356	96.3
	特別支援学校	669	1,787	2,456	72.8
	小学校	133,874	14,398	148,272	9.7
	中学校	22,325	13,202	35,527	37.2
	高校	8,819	13,961	22,780	61.3
	普通高校	5,978	6,129	12,107	50.6
	職業高校	2,841	7,832	10,673	73.4
	高等教育機関	96	3,093	3,189	97.0
宗教省	イスラーム幼稚園	0	27,334	27,334	100.0
	イスラーム小学校	1,686	22,253	23,939	93.0
	イスラーム中学校	1,437	14,157	15,594	90.8
	イスラーム高校	759	6,160	6,919	89.0
	イスラーム高等教育機関	53	612	665	92.0

出典：Ministry of Education and Culture, 2013, "Indonesia Educational Statistics in Brief 2012/2013" に基づき、筆者作成。

第2節　高等教育制度の概要

　前節で述べたように学校教育制度の基本は「国民教育制度法（2003年法律 第20号）」により定められているが、高等教育については、2012年に、基本法として「高等教育法（2012年法律 第12号）」が制定された。

1　高等教育機関の種類

　高等教育は学問的教育(Pendidikan Akademik)、職業教育(Pendidikan Vokasi)、専門教育 (Pendidikan Profesi) からなる。学問的教育は、学士課程(Program Sarjana)、修士課程(Program Magister)、博士課程(Program Doktor) と続き、学士課程はS1、修士課程はS2、博士課程はS3と呼ばれている。職業教育は修業年限が1年のディプロマ1から4年のディプロマ4まで存在する。高等教育法　第22条及び第23条により、新たに、ディプロマ4の修了後に、応用修士課程（Program magister terapan）、応用博士課程（Progaram doktor terapan）が設けられた。専門教育は、学士課程修了者を対象として受け入れ、専門課程SP1、SP2が置かれている。

　高等教育機関は、総合大学（Universitas）、専門大学（Institut）、単科大学（Sekolah Tinggi）、ポリテクニック（Politeknik）、アカデミー（Akademi）、コミュニティ・アカデミー（Akademi Komunitasi）の6種類である（高等教育法 第59条）。このうち、コミュニティ・アカデミーは、2012年の高等教育法により新たに設けられた学校種で、ディプロマ1と2という職業教育を提供する教育機関である。その目的は、①地域の特性にあった教育や特別のニーズを満たす教育の実施、②高等教育へのアクセス拡大や均等な機会の提供、③産業界の人材需要に応える能力ある人材の養成である。

　各学校種によって提供できる教育プログラムが異なっており、総合大学、専門大学及び単科大学は学問的教育、職業教育及び専門教育を実施できるが、ポリテクニックは職業教育及び専門教育、アカデミー及びコ

ミュニティ・アカデミーは職業教育の提供に限られている。

2　教育システム

　教育は「教育プログラム（Program Studi）」により実施される。教育プログラムはカリキュラムと教育方法により構成されるが、最低限のアクレディテーションと大臣の許可が必要となっている（高等教育法第33条）。従来、学期単位制度（Satuan Kredit Semester）が採用されており、2014年6月に定められた「国家高等教育基準（2014年教育文化大臣令　第49号）」では学士課程の場合、4〜5年の間に最低144単位の取得が義務づけられている。1単位は週当たり160分の学修を1学期（16週）実施するものとされ（同基準第15条）、講義の場合は週当たり50分の対面授業、50分の課題学習、60分の自習で構成される（同基準第16条）。学生の学習時間は1日当たりでは8時間〜9時間、1週間当たりでは48時間から54時間とされ、1学期で18単位から20単位を取得することが基準となっている（同基準　第17条）。

　高等教育のカリキュラムは国家高等教育基準に従ってそれぞれの高等教育機関によって開発されるが、宗教、パンチャシラ、公民、インドネシア語を含まなければならない（高等教育法　第35条）。

　教授言語としてインドネシア語の使用が義務付けられている。地方言語（bahasa daerah）は、言語や文学を学ぶプログラムに限って使用が許され、また、外国語も教授言語として使用できる（高等教育法　第37条）。

　成績評価に、試験、課題実施及び教員による観察により定期的に行われ、A、B、C、D、Eの5段階で行われ、それぞれ、4、3、2、1及び0の評点が与えられる。教育プログラムを修了するための要件は、条件となっている単位の取得と最低の累積成績指標（Index Prestasi Kumulatif：IPK）を満たすことによって決定される。最低限のIPKとして学士課程とディプロマ課程の学生は2.00以上、専門教育課程、修士課程、応用修士課程、博士課程及び応用博士課程の学生では3.00以上とされた（国家高等教育基準　第24条）。

3　入学者選抜

　国立高等教育機関の入学者選抜制度は幾度かの変更を経て今日に至っている。2015年について、国立機関は「国立高等教育機関入学国家試験（Seleksi Nasional Masuk Perguruan Tinggi Negeri：SNMPTN））」、「国立高等教育機関連携入学試験（Seleksi Bersama Masuk Perguruan Tinggi Negeri：SBMPTN）」及び各大学独自の新入学者受け入れの3種類の受け入れ方法を採用し、新入学生定員についてSNMPTNで50％以上、SBMPTNで30％以上、独自受け入れで20％以下の学生を教育プログラム単位で選抜することになっている。

　2015年の日程を見ると、SNMPTNは2月13日〜3月15日に登録し、選考が行われ、5月9日に結果が公表される。合格できない場合は、SBMPTNの筆記試験を受験することになる。SBMPTNの後のチャンスとして独自受入が実施される。SNMPTNについては、学生の経費負担はない（http：//www.snmptn.ac.id/, 2015.3.12）。

　一方、私立高等教育機関の場合は、各機関独自に入学者選抜を実施するが、国立高等教育機関の入試システムに加わることもできる（高等教育法 第73条）。

4　奨学金制度

　政府は2011年に「bidikmisi」という新たな奨学金を創設した。これは、学力優秀であり、かつ、低収入の家庭出身の学生を対象とするものである。ヒルらによると、授業料が無料となり、月額60万ルピア（約60米ドル）の手当てが支給される。この奨学金を受け入れる高等教育機関は受入れ学生の20％を貧困家庭出身の学生から受け入れる義務を負う。これまでに約5万人の学生を国立及び私立の高等教育機関が受け入れた。教育文化大臣はこの奨学金の拡大を表明している（Hill & Thee 2013：175）。

　高等教育法においてもこれらの動きを踏まえて国立高等教育機関は潜在的な学力があるが経済的に恵まれない学生を新入学定員の20％以上受

け入れる義務を負うと規定した（同法 第74条）。

5　高等教育機関の経営

設置主体

高等教育を実施するのは高等教育機関（Perguruan Tinggi）であり、高等教育機関には政府によって設置・運営される国立高等教育機関（Perguruan Tinggi Negeri）と民間によって設置・運営される私立高等教育機関（Perguruan Tinggi Swasta）が存在する（高等教育法 第1条）。国立高等教育機関はその経営形態によって、「国立高等教育機関（PTN）」と「法人国立高等教育機関（PTN Badan Hukum：PTN-BH）」に分かれる。PTN-BHは2000年以来国有法人化されてきた大学の流れをくむもので運営面での裁量度が高くなっている（同法 第65条）。

私立高等教育機関は、非営利で大臣の許可を得た法人として民間により設置される。法人の形態は法令に基づき、財団（yayasan）、協会（perkumpulan）その他の形態をとる（同法 第60条）。

また、私立高等教育の設置者たる法人と高等教育機関の関係は組織的に分離しており、財団等の下に複数の学校を経営することが可能であり、実際にそうした例も見られる。

ガバナンス

インドネシアには日本の「私立学校法」のように特別に私学を規定する法律は存在しない。高等教育機関は学則（Statuta）を定めることが義務づけられており（高等教育法 第60条）、PTNは大臣規則、PTN-BHは政令、私立高等教育機関は設置法人の文書によって学則を定めることになっている（同法 第66条）。

PTNとPTN-BHについては「高等教育の実施及び高等教育機関の経営に関する政令（2014年政令 第4号）」により基本的な組織が定められており、詳細は各機関の学則により定めることになっている。PTNでは教員により構成される評議会（Senat）が施策の決定を行う権限を持

つがPTN-BHでは政府、大学教員、民間などから構成される「最高経営会議（Majelis wali amanat）」が施策全般の決定権を持ち、教員からなる学術評議会（Senat akademik）は教育研究分野における施策の決定や指導の権限に限られている。

　一方、私立高等教育機関の組織は学則によって定められる。従来、組織に関する学則については「高等教育に関する政令（1999年政令 第60号）」により、国立に準拠することとされていた。その結果、それぞれの私立高等教育機関が独自性を発揮する余地はなかった。しかし、2012年の高等教育法や「高等教育の実施及び高等教育機関の経営に関する政令（2014年政令 第4号）」では組織編成や経営に関して各私立高等教育機関の裁量を認めることになっている。この趣旨に沿って実際にどの程度の独自性が発揮されるのかについては、今後の政府の指導や私学側の対応によると思われるが、その動向が注目される。

6　私立高等教育行政

　前節で述べたように、高等教育行政は教育文化省高等教育総局が担当しているが、私立高等教育行政については、その出先機関として全国の14管区に私立高等教育機関調整部が設置されている（表2-3）。

表2-3 私立高等教育機関調整部

タイプ	管区	所在地	所轄州
A	I	メダン	北スマトラ
	III	ジャカルタ	ジャカルタ特別州
	IV	バンドン	西ジャワ、バンテン
	VII	スラバヤ	東ジャワ
	IX	マカッサル	南スラウェシ、南東スラウェシ、中部スラウェシ、北スラウェシ、西スラウェシ、ゴロンタロ
B	II	パレンバン	南スマトラ、ランプン、ブンクル、バンカ・ブリトゥン
	V	ジョグジャカルタ	ジョグジャカルタ特別州
	VI	スマラン	中ジャワ
	VIII	デンパサール	バリ、西ヌサ・トゥンガラ、東ヌサ・トゥンガラ
	X	パダン	西スマトラ、リアウ、ジャンビ、リアウ諸島
	XI	バンジャルマシン	南カリマンタン、西カリマンタン、東カリマンタン、中部カリマンタン
	XII	アンボン	マルク、北マルク、
	XIII	バンダ・アチェ	アチェ
	XIV	ビアク	パプア、西パプア

出典：私立高等教育機関調整部の組織と経営に関する教育文化大臣規則（2013年規則第42号）

注．タイプAの事務局は「学術・学生・教職員部、機関・情報システム部、総務部、機能官職グループ」、タイプBの事務局は「学術・学生・機関部、総務部、機能官職グループ」から成っており、タイプAでは情報システム担当が置かれている。

第3節　高等教育機関の現状

以下では高等教育の学校数、学生数、教育内容及び教員体制について、私立と国立を比較しながら考察する。なお、資料の制約のため、本節の考察対象は教育文化省管轄下の高等教育機関である。

1　高等教育機関の学生規模

教育文化省管轄の私立高等教育機関数（2012/13年）は3,093に上っており、全体の97.0％を占める。一方、私立高等教育機関の学生数は400万9,716人で全体の68.9％にとどまる。私立と国立の1校当たり学生数を比較すると、すべての学校種で私立の規模が国立より小さい（表2－4）。なお、学生数49万661人（2009年）を擁する国立大学である公開大学（Universitas Terbuka）を除いても国立の総合大学の1大学当たり学生数は、22,903人であり、私立総合大学の5,011人の4.6倍となっている。また、私立の単科大学は1校当たりの学生数が915人、アカデミーは324人と小規模であるが、これらの機関が私立高等教育機関全体の8割を占めている。

表2－4　高等教育機関数及び学生数（2012/13年）

		総合大学	専門大学	単科大学	アカデミー	ポリテクニック	合計
国立	学校数	52	7	1	0	36	96
	学校数	1,658,696	75,701	1,105	0	76,925	1,812,427
	学生数/学校数（A）	31,898	10,814	1,105	－	2,137	18,879
私立	学校数	424	51	1,383	1,099	136	3,093
	学生数	2,124,758	178,936	1,265,532	355,694	84,796	4,009,716
	学生数/学校数（B）	5,011	3,509	915	324	624	1,296
合計	学校数	476	58	1,384	1,099	172	3,189
	学生数	3,783,454	254,637	1,266,637	355,694	161,721	5,822,143

出典：Ministry of Education and Culture, 2013, "Indonesia Educational Statistics in Brief 2012/2013"に基づき、筆者作成。

2 教育内容の現状と特徴

　高等教育機関が提供する教育プログラム（2008/09年）を比較してみると、職業教育の全プログラム4,474のうち、私立機関の提供するプログラム数が83.3％を占める。D1からD4のすべての課程で私立機関のプログラム数が上回っている。また、学問的教育の全プログラム10,548のうち、私立機関のプログラム数が72.1％を占めるが、課程ごとに見ると、私立機関が占める割合は、学士課程プログラムの78.5％、修士課程プログラムの41.5％、博士課程プログラムの12.8％となっている（表2－5）。

　このように、職業教育及び学士課程のプログラムでは私立の割合が大きいが、修士や博士の課程では国立の教育プログラム数が私立を上回る。私立高等教育が職業教育や学士課程において中心的な役割を果たす一方、大学院の高度な人材養成を中心的に担っているのは国立大学である。

表2－5　高等教育機関の教育プログラム数（2008/09年）

教育課程	職業教育					学問的教育			
	D1	D2	D3	D4	合計	学士	修士	博士	合計
国立	1	1	660	87	749	1,930	753	265	2,948
私立	138	34	3,453	100	3,725	7,027	534	39	7,600
合計	139	35	4,113	187	4,474	8,957	1,287	304	10,548
私立の割合(%)	99.3	97.1	84.0	53.5	83.3	78.5	41.5	12.8	72.1

出典：Direktorat Jenderal Pendidikan Tinggi, Kementerian Pendidikan Nasional, "Perspektif Perguruan Tinggi di Indonesia Tahun 2009"により、筆者作成。

　専攻分野別の学生数を見ると、私立高等教育機関では、経済が39.6％、社会が29.4％と、社会科学系を専攻する学生が全体の7割を占めている。一方、公開大学については、教育を専攻する学生が85.7％を占めている（表2－6）。

表2−6　設置者別・専攻分野別学生数（2008年/09年）

専攻分野	国立 （公開大学を除く）		公開大学		私立		合計
保健・健康	69,568	7.6	-	-	271,020	12.3	340,588
工学	159,201	17.5	110	0.0	506,476	22.9	665,787
数学・自然科学	56,618	6.2	1,408	0.3	28,886	1.3	86,912
農学	75,280	8.3	2,678	0.5	41,502	1.9	119,460
経済	125,396	13.8	20,363	4.2	876,128	39.6	637,703
社会	134,063	14.7	43,819	8.9	649,942	29.4	526,212
宗教	1,060	0.1	-	-	7,040	0.3	8,100
人文	33,973	3.7	1,545	0.3	34,106	1.5	69,624
教育	246,256	27.0	420,738	85.7	461,876	20.9	1,128,870
文化	9,464	1.0	-	-	18,985	0.9	28,449
合計	910,879	100	490,661	100	2,210,165	100	3,611,705

出典：Direktorat Jenderal Pendidikan Tinggi, Kementerian Pendidikan Nasional, "Perspektif Perguruan Tinggi di Indonesia Tahun 2009" により、筆者作成。

3　教員体制の現状と特徴

　最終学歴別の教員数を見ると、国立では修士が70.1％、博士が18.8％で修士以上が88.9％であり、一方、私立では修士が46.8％、博士が4.7％で修士以上が51.5％となっている。このように、修士以上の高学歴者の比率は国立が私立を大きく上回っており、国立高等教育機関の教員の方が私立の教員より一般に高学歴である。

表2−7　高等教育機関の教員数（2012/13年・最終学歴別・設置者別）

	学士		修士		博士		ディプロマ		計	
国立	7,159	11.0	45,474	70.1	12,216	18.8	36	0.1	64,885	100.0
私立	67,476	47.6	66,297	46.8	6,672	4.7	1,311	0.9	141,756	100.0
計	74,635	36.1	111,771	54.1	18,888	9.1	1,347	0.7	206,641	100.0

出典：Ministry of Education and Culture, "Indonesia Educational Statistics in Brief 2012/2013" により、筆者作成。

また、女性教員の割合は、国立38.0％、私立41.7％となっており、私立高等教育機関の方が、女性教員の割合が高い（表2-8）。

表2-8　高等教育機関の教員数（2012/13年・男女別）

	男子	女子	合計	女子の割合
国立	40,208	24,677	64,885	38.0％
私立	82,578	59,178	141,756	41.7％
合計	122,786	83,855	206,641	40.6％

出典：Ministry of Education and Culture, "Indonesia Educational Statistics in Brief 2012/2013"により、筆者作成。

2012/13年の教員総数206,641人のうち、非常勤教員は31,701人であり、全体の15.3％となっている。私立高等教育機関の教員は非常勤教員に大きく依存しており、その多くは国立大学の常勤教員である。ブホリらは、国立大学の常勤教員が私立大学で非常勤として教育に携わることが、需要と供給の両面から促進されていると指摘する。国立大学の本務だけでは十分な報酬を得られない国立大学教員は副収入を望み、一方、常勤の優秀な教員を雇う財政基盤がない私立大学にとっては安価な教員確保策となる（Buchori & Malik 2004：275）。

先に見たように、私立の高等教育機関は職業教育プログラムや学士課程の教育に中心的役割を果たしており、必ずしも高位の学歴が要求されてこなかったという事情もあるが、私学の財政基盤が一般に弱体で高学歴者を雇用することが困難な面もあると思われる。

第4節　小　括

インドネシアでは、教育の普及・拡大が進んでおり、小学校段階ではほぼ完全な就学が達成されるとともに、中等教育や高等教育についても着実に就学率が向上している。また、学校教育全体として私立の占める

割合が大きいことが特徴となっている。

　私立高等教育が職業教育を中心に量的な発展を遂げ、高等教育の普及・拡大に大きな役割を担ったことがわかった。一方、私立は国立と比べて学校規模が小さく、教員の学歴面で一般に劣ること、また、非常勤の教員に大きく依存している。

　アルトバックは世界の私学高等教育を俯瞰し「私学高等教育の多様性は相当なものだが、最も急速に拡大しているのはアカデミック・ヒエラルキーの低位を占める機関である」（アルトバック2004：11）と述べているが、インドネシアにおいても需要対応型の私立高等教育機関を中心に発展してきている。

注
(1) Undang-Undang Dasar Negara Republik Indonesia Tahun 1945
(2) Undang-Undang Nomor 20 Tahun 2003 tentang Sistem Pendidikan Nasional
(3) Undang-Undang Nomor 22 Tahun 1999 Pemerintahan Daerah
(4) 純就学率は一定の教育レベルにおいて、教育を受けるべき年齢の総人口に対し、相当年齢で実際に教育を受けている人の比率である。

第3章　インドネシアの高等教育の歴史的発展

　本章では、植民地時代から今日に至る高等教育の歴史的発展について、私立高等教育に着目しながら、植民地時代から独立宣言へ（第1節）、独立戦争期（第2節）、スカルノ初代大統領の時代（第3節）、スハルト第2代大統領の時代（第4節）、「改革」の時代（第5節）の5つに区分して記述する。

第1節　高等教育の誕生　－植民地時代から独立へ（～1945年）

　17世紀に始まるオランダの統治において、今日につながる世俗的な高等教育の嚆矢は1851年に設置された「ジャワ医学校（Dokter-Djawa-School）」である。同校はインドネシアを代表する国立大学の一つであるインドネシア大学（Universitas Indonesia）の起源となった。

　オランダ植民地統治下の高等教育の規模は限られていたが、その卒業生が20世紀前半の独立運動に大きく貢献した。アンダーソンが指摘するように、広大な国土と膨大な人口を擁し、宗教・民族・言語が多様である中、学校教育は画一化された教科書、卒業証書と教員免許などを通じナショナリズム形成の一翼を担った（アンダーソン2007：196-7）。

1　植民地行政の転換と学校教育の拡充

　初期の高等教育はイスラーム色が強く、ノンフォーマルな形態の教育であり、多くの場合プサントレン（pesantren）というイスラーム寄宿学校で実施されたが、プサントレンにおける教育はウラマー（ulama）やキヤイ（kiai）というイスラーム聖職者が主宰し、今日の学校教育のように組織化されたものではなかった（Buchori&Malik 2004：252）。

　17世紀に始まるオランダの統治において、植民地政府が学校教育の拡充に取り組んだのは1860年代以降であったが、その背景には行政の各部門の拡大に伴い人材養成の必要に迫られたという事情があった（弘末

1999：240-1)。また、1901年にはオランダ女王が議会開会演説において、キリスト教列強としてのオランダが植民地住民に果たさなければならない道徳的な義務について言及するなど、植民地純益をできるだけ多く本国へと送る「純益政策」から、「倫理政策」への転換が図られたことも教育拡大の追い風となった（深見1999：281-91)。

　当時の学校教育は欧州民を対象とする教育と原住民を対象とする教育に分かれており、ヨーロッパ人の子女のための学校として、幼稚園（Taman Kanak-Kanak)、ヨーロッパ小学校（Sekolah Rendah Eropa)及び3年制・5年制の高等国民学校（Hoogere Burgerschool）が存在した。このほか、ギムナジウム（Gymnasium）やリセウム（Lyceum）という中等教育機関もあり、ギムナジウムでは、オランダ語、英語、ドイツ語、フランス語、ギリシャ語、ラテン語が教えられた。一方、原住民を対象とする教育は、読み書きに限られた初等教育であった。教授言語は、マレー語であったが、地方語で教える教員が確保できる場合はその土地の地方語で書かれた教科書を用いた（Direktorat Jenderal Pendidikan Tinggi 2003：16-7)。

　1920年時点で、原住民を対象として植民地政府が設立した小学校が1,845校、私立の小学校が2,368校に上り、児童数は合計で357,970人に達していた。一方、1914年にオランダ語を教授言語として、ヨーロッパ人対象のカリキュラムに基づく、新しいタイプの現地人のための小学校として、オランダ・現地住民学校（Hollandsch-Inlands School）が設置された。1915年時点で、植民地政府のオランダ・現地住民学校が102校、私立の同学校が24校存在し、合計19,000人以上が在籍していた。

　また、新たな中等教育機関として、植民地政府は1915年に大衆初等学校（Meer Uitgebreid Lager Onderwijs：MULO）を創設し、その教授言語はオランダ語であった。1915年時点でMULOは全土で16校未満であり、その在籍者は現地人325人、ヨーロッパ人750人、その他（中国系など）87人であった。

　1919年、植民地政府は、原住民のための普通高等学校（Algemene

Middelbare School：AMS）をジャワ島中部のジョグジャカルタに設置した。次いで、20年にはバンドンに、26年にはスラカルタにAMSが設置された。AMSの卒業生は5年制の蘭高等国民学校と同様に、高等教育機関に進学する権利を与えられた。1925年時点のAMSの学生数は256人で、そのうち、現地人が154人、ヨーロッパ人が74人、中国系などが28人であった。

　このように、現地人を対象とする新たな中等教育機関の創設が進んだが、1940年に至っても中等教育学校に在籍する原住民・中国系の生徒数は国立で9,208人、私立4,021人にとどまり（表3-1）、当時の約8千万人の現地人住民数と比べると極めて少なかった。

表3-1　インドネシアの中等教育学校生徒数（1940年）

	国立学校			私立学校			合計
	欧州系	現地人・中国系	計	欧州系	現地人・中国系	計	
大衆初等学校 MULO	1,067	7,471	8,538	2,258	3,453	5,711	14,249
普通高等学校 AMS	733	324	1,057	184	295	479	1,536
蘭高等国民学校	1,570	981	2,551	490	114	604	3,155
3年制蘭高等国民学校	40	10	50	617	94	711	761
リセウム	1,194	422	1,616	1,009	65	1,074	2,690
合計	4,604	9,208	13,812	4,558	4,021	8,579	22,391

出典：Direktorat Jenderal Pendidikan Tinggi, "Pendidikan Tinggi Indonesia Dalam Lintasan Waktu dan Peristiwa"

　オランダ領東インドの初等中等教育の特徴として、一定程度を私立学校が担ったことがある。中等教育学校の総在籍者22,391人のうち、8,579人が私立学校に在籍し（表3-1）、全体の38.3％を占めていた。カミングスは、ヨーロッパの大陸諸国家が公立セクターを重視し、その植民地でも公立学校を整備して教育を行ったのに対し、オランダや英国の植民地

統治では、エリートに対する教育は公立、大衆教育は私立という分離政策をとったと指摘し、これが、インドネシアの独立後に、私立教育が拡大する素地になったとしている（Cummings 1997：135-52）。

2 高等教育の誕生

1851年、植民地政府は現地人医師を養成するためにバタビア（ジャカルタ）に「ジャワ医学校（Dokter-Djawa School）」を設置した（http://www.ui.ac.id/tentang-ui/sejarah.html, 2015.2.27）。同校は1898年に「蘭印医師養成学校（School tot Opleiding van Indische Artsen：STOVIA）」と名称を改め、1927年の閉校まで最新の医学教育を提供した。植民地政府は、1913年にスラバヤに「蘭印医学校（Nederlandsch-Indische Artsenschool di Surabaya：NIAS）、1927年にジャカルタに「高等医学校（Geneeskundige Hogeschool：GHS）」を開設した。医学分野の高等教育機関の設置が先行したのは、オランダ領東インドが不健康地であり、オランダ人の健康を守るためであった。また、ジャワは肥沃な土地で食糧問題が深刻ではなかったので農科大学の設置は後回しになった（Direktorat Jenderal Pendidikan Tinggi 2003：22-8）。

医学以外では、1924年にジャカルタに高等法律学校（Recht Hoogeschool）が設置された。1938年度の高等法律学校の在籍者数は412人で、そのうち、264人が現地住民、59人が中国系、54人がヨーロッパ人であった。1920年7月には、初めての私立高等教育機関として、蘭印財団（Yayasan Hindia Belanda）によりバンドンに高等工業学校（Technische Hoogeschool）が創設されたが、同校は、1924年10月、植民地政府に移管された。植民地政府は、1940年、バタビアに文学・哲学大学（Faculteit der Lettere en Wijsbegeerte）、1941年9月にボゴールに農科大学（Faculteit van Landbouwweteschap）を設置した。

これらの高等教育機関は学術的な研究よりも専門職業教育に焦点を当てたものであった。その背景には、第1次世界大戦の影響でオランダ人エンジニアなどの専門職業人が不足し、植民地政府を支援する人材が必

要になったという事情があった。教員のほとんどはオランダ人で、教授言語はオランダ語、書籍の大半もヨーロッパの書物であった。現地住民の学生総数は1930年時点で106名に過ぎなかった（Buchori&Malik 2004：253）。

3 海外留学生の増加

このように、当時のオランダ領東インドの高等教育機関は限られていたので、学校教育の普及拡大とともに中等教育修了後、オランダなど海外の高等教育機関に留学する者も増加した（Direktorat Jenderal Pendidikan Tinggi 2003：25）。1924年から39年の間に約700名の学生がライデン大学、ユトレヒト大学、アムステルダム大学、デルフト工業単科大学、ワゲニンゲン農業単科大学及びロッテルダム経済単科大学などオランダの高等教育機関に在籍した。また、エジプトのアル・アズハル大学などエジプトを中心とする中東への留学生も存在した。

これらの海外の高等教育機関に在籍する学生数は増加傾向であった（表3-2）。

表3-2 海外高等教育機関在籍学生数の推移

年	現地人	中国系	欧州系	合計
1920/21	2	4	22	28
1921/22	6	2	29	37
1922/23	8	4	30	42
1923/24	5	3	10	18
1924/25	25	11	40	76
1925/26	21	11	28	60
1926/27	30	5	28	63
1927/28	38	21	29	88
1928/29	44	14	52	110
1929/30	91	24	47	162

1930/31	106	49	72	227
1931/32	93	41	78	212
1932/33	109	57	62	228
1933/34	121	62	73	256
1934/35	112	75	79	266
1935/36	103	63	65	231
1936/37	120	59	74	253
1937/38	155	78	54	287
1938/39	143	80	57	280
1939/40	157	78	83	318
合計	1,489	741	1,012	3,242

出典：Direktorat Jenderal Pendidikan Tinggi, "Pendidikan Tinggi Indonesia Dalam Lintasan Waktu dan Peristiwa"

4　独立運動と学生

　オランダ領東インドやオランダなど海外の高等教育機関で学ぶ現地住民は限られた人数であったが、20世紀前半のナショナリズムの担い手として、独立運動に大きな役割を果たした。オランダの留学生たちの文化・親睦団体として1908年に創立された「東インド協会」は、23年1月に「インドネシア協会」という政治意識の明瞭な名称に変更し、民族主義的な宣伝活動に力を入れるようになった。また、バンドンの高等工業学校を卒業した、後の初代大統領スカルノなど、オランダ領東インドの高等教育機関で学んだエリートも政治リーダーとして独立運動に取り組んだ。1928年10月、ジャカルタで開催された第2回全国青年大会で「ひとつの祖国インドネシア、ひとつの国民インドネシア国民、ひとつの言語インドネシア語」という理想をうたう「青年の誓い」が採択され、「インドネシア」という呼称が解放思想の象徴としての地位を確立したが、その先導者となったのは学生たちであった（Direktorat Jenderal Pendidikan Tinggi 2003：32-3）。

　ブホリら（Buchori & Malik 2004：253）は植民地政府の高等教育制

度は、学術的な研究中心の教育より専門職教育を重視していたにもかかわらず、国民と国家を形成するうえで貢献した指導者世代の育成に成功したとし、その要因として、高校段階でリベラルアーツを学んだこと、オランダ語など外国語を修得し、書物を通じ海外の政治状況を知ることができたことをあげている。

5 日本軍の占領

第2次世界大戦が始まると、日本軍は、石油などの天然資源を求めてオランダ領東インドへと進出した。1942年3月9日にはオランダ軍が全面降伏し、日本軍がオランダ領東インドを占領した。統治には既存の制度をできるだけ利用する基本方針がとられ、地方行政なども既存の機構と人材が活用された。学校教育はオランダ語によるものが廃止され、高等教育まですべてインドネシア語が教授用語となった（深見1999：350-55）。

教育文化省高等教育総局（Direktorat Jenderal Pendidikan Tinggi 2003：33）は、日本占領時の重要な事柄として、①オランダ語の廃止により、現地人が小・中学校でインドネシア語を教授言語として使うことを余儀なくされたこと、②オランダ人の教員たちが捕虜収容所に閉じ込められた後、多くの現地人が教員になるチャンスを得たこと、をあげている。

第2節　大学のモデルの誕生－独立戦争期（1945～1950年）

1945年8月17日、独立運動の指導者スカルノはインドネシア共和国の独立を宣言したが、オランダはこれを認めず、独立を巡る戦争は4年以上に及び、1949年12月にオランダは正式に主権を移譲した。

この戦争を契機にガジャマダ大学とインドネシア大学という、インドネシアを代表し、大学のモデルとなる国立大学が誕生した。カミングスら（カミングス・カセンダ1993：200-1）は、高等教育の基盤はこ

の2大学が創設されていく過程で形成されたとして、インドネシアの近代高等教育の文化的本質として次の5点を指摘している。すなわち、①教育研究をインドネシア語によって行ったこと、②外国人より自国スタッフを優先、③インドネシア語を教授言語とし、高等教育の急拡大を図るなど、質より量を重視、④学術より実践の重視、⑤大学人と国家指導者の信頼関係に基づく、国家との調和である。

1　ガジャマダ大学の誕生

独立宣言の2日後の1945年8月19日、インドネシア共和国大学（Balai Perguruan Tinggi Repoeblik Indonesia）がジャカルタに創設された。医学、法学、文学のコースを開設し、その教職員と学生の大半はインドネシア人であり、日本軍占領期にジャカルタ医学校で教育を受けた者、あるいは第二次世界大戦前にオランダ植民地時代の法文系の大学で教育を受けた者だった（カミングス・カセンダ1993：202-3）。45年12月、オランダ軍がジャカルタを再占領したので、教職員と学生は中部ジャワに位置するジョグジャカルタに大学を再建すべく移動し、翌46年3月、ガジャマダ高等教育財団（Yayasan Balai Perguruan Tinggi Gajah Mada）により、法学と文学の2学部からなるガジャマダ大学が開設された。

その後、1949年12月19日、正式にガジャマダ大学として創設された際には、医学系学部、獣医学部、農学部、工学部、法律・社会・政治学部を擁し、当時の学生総数は483人であった（同上：203-4）。

ガジャマダ大学は、独立戦争の間、独立運動の拠点の一つという性格を持った大学であり、教授言語としてインドネシア語を採用した。当時、インドネシア語には、科学技術に関する語彙が十分ではなく、また、インドネシア語の書籍も不足していた。インドネシア人の大学教員が不足する一方、外国人教員の大半はインドネシア語で講義ができなかった。このため、独立後、オランダ語に替わって、英語を教育研究のために使用するという考え方が採用され、教育文化省は1952年度にすべての国立高等教育機関で週4時間の英語教育を行うという規定を定めた

（同上：206-7）。

2　インドネシア大学の沿革

　1945年8月のインドネシアの独立宣言を認めないオランダは再占領を目指し、ジャカルタを主要な進駐地とした。オランダは、植民地支配を復活するためのプロパガンダとして、第二次世界大戦前に運営されていた諸学校を再開させ、1946年、臨時大学（Nood-universiteit）を設置した。同大学は、翌47年にインドネシア大学（Universiteit van Indonesie）と改称した。この大学は、1851年に設立された「ジャワ医学校」を始めとする植民地時代の高等教育機関を基礎とした。ジャカルタ（医学、法学、文学、哲学）、ボゴール（獣医学、農学）、バンドン（科学、工学）、スラバヤ（医学）、マカッサル（経済）の各都市に設置された学部から構成され、多くの教員はオランダ人であり、講義はオランダ語で行われた（Buchori & Malik 2004：255）。

　独立後の1950年2月、インドネシア共和国政府は、インドネシア大学を接収するとともに、国立大学として、その設立を宣言した。教授言語はインドネシア語とされたが、インドネシア語で講義ができない外国人教授には英語で講義することを許した。また、教員のインドネシア人化を図るという方針をとり、徐々にインドネシア人教員の割合が増加した。（カミングス・カセンダ1993：223-4）。

　バンドン工科大学（Institut Teknologi Bandung）、ボゴール農科大学（Institut Pertanian Bogor）、アイルランガ大学（Universitas Airlangga）、ハサヌディン大学（Universitas Hasanuddin）など今日の有力な国立大学の大半はこのガジャマダ大学とインドネシア大学という2つの先導的な大学のさまざまな要素を継承する形で設立されたものであり、その他の地方大学や教員養成大学の初期のスタッフの多くがこの2大学の卒業生で構成されている。

インドネシア大学(デポック)キャンパス。右側は構内バスを待つ学生たち

3　私立大学と国立宗教大学の誕生

　1945年7月8日、後の初代副大統領ハッタ(Hatta) などにより、ジャカルタにイスラーム単科大学(Sekolah Tinggi Islam)が設立された。同大学は1947年12月14日にインドネシア・イスラーム大学(Universitas Islam Indonesia)と改称され、初の私立総合大学として、ジャワ島中部ジャグジャカルタに創設された(http://www.uii.ac.id/content/view/231/340/, 2015.2.24)。次いで、1949年10月15日、ナショナル大学(Universitas Nasional)がジャカルタに2番目の私立大学として創設された。その設置目的は、占領者に対する抵抗勢力の一翼を担うことであった(Direktorat Jenderal Pendidikan Tinggi 2003：42)。

　一方、1951年、上述のインドネシア・イスラーム大学の宗教学部を宗教省に移管する形で国立イスラーム大学(Perguruan Tinggi Agama Islam Negeri：PTAIN)が設立された。57年には、宗教学部とアラビア文学部をもち、宗教省管轄の教職員だけが入学できる3年制の宗教公務アカデミー(Akademi Dinas Agama：ADIA)がジャカルタに設立され、PTAINとADIAを統合する形で60年に設立されたのが国立イスラーム宗教大学(Institut Agama Islam Negeri：IAIN)である(服部2001：163-4)。IAINは70年代初めまでにインドネシア全土で14校が設立された。その背景には、宗教教育の必修化が高等教育段階から始まり、それに対応して資格を持つ宗教教員の養成が必要であったという事

情があった（西野2004：121）。

第3節　高等教育制度の確立−スカルノ初代大統領の時代(1950〜1965年)

　1950年、初代大統領に就任したスカルノによる統治が始まったが、政党間の対立で政策決定は滞り、スマトラ島やスラウェシ島で反乱が起こった。混乱を収拾するため、1959年、大統領への権限の集中を謳う1945年憲法への復帰を宣言し、民族主義勢力、宗教勢力、共産主義勢力に国軍が加わった4派の上に、大統領が君臨する「指導された民主主義」（Demokrasi Terpimpin）体制が確立された。しかし、共産党と国軍やイスラーム勢力との反目が深まるなか、1965年に「9・30事件」が起こり、スカルノ大統領は辞任に追い込まれた。

　このような政治的な混乱はあったが、スカルノ大統領は高等教育を重視し、「エリートの養成と独立国家の体面に重きをおき、大学の量的増加」（文部省大臣官房調査統計課 1972：11）を図った。1961年には、その後の高等教育発展の基礎となる「高等教育機関法（1961年法律 第22号）」が制定され、高等教育制度が確立された。ただし、経済の低迷もあり、本格的な教育開発は第2代大統領スハルトの時代まで待たなければならなかった。

1　高等教育制度の確立
「高等教育機関法」の制定

　高等教育の初の基本法は「高等教育機関法（1961年法律 第22号）」であり、この法律がその後の高等教育発展の基礎となった。同法第3条で「高等教育機関は政府または民間法人によって実施される」と規定され、私立高等教育の法的な基盤が確立された。私立高等教育機関は「登録された機関」、「認定された機関」、「同等とされた機関」の3段階のステータスを付与された（同法 第25条）。最高ステータスである「同等」とは国立大学と同等という意味であり、国立をモデルとした仕組みであっ

た。

　高等教育機関学術省[1]は1964年に私立高等教育機関の登録を開始したが、当初登録に応じた機関は少数であった。65年11月には「私立高等教育機関の設立に関する大統領令（1965年　第45号）」により、私立高等教育機関の運営を希望する法人は、高等教育機関学術大臣に事前の文書による承認を得ることと明示された。このような設置手続きの明確化により、私立高等教育機関の数が増え始めた。その後、国立大学が地方に整備されたのと軌を一にして私立大学の増設も進み、1973年には48の私立大学が「登録」又は「認定」の地位を得た（Direktorat Jenderal Pendidikan Tinggi 2003：55）。

　私立機関設置の背景
　この時期に私立高等教育機関の設置が求められた背景として、教育文化省高等教育総局は進学希望者の増加に国立の機関の収容力が対応できなかったという理由を上げる。さらに、私立高等教育機関の設置の背景として、①独立戦争を戦った人々などの理想主義、②カトリック、プロテスタント、イスラームなど宗教的なイデオロギー、③政治的な組織と関連した政治イデオロギー、④経済的に貧しい学生のために僻地の町に設置する、という事情をあげる。さらに、その後の時代には、高等教育をビジネスとして捉える考え方が現れ、私立高等教育機関の増加に結び付いたとの見解を表している（Direktorat Jenderal Pendidikan Tinggi 2003：112）。

2　国立大学の増設
各州1大学の設置
　広大な島嶼国インドネシアは言語・文化の多様性に富んでおり、宗教・民族対立や分離独立運動がくすぶり続けている地域もあり、独立以来、地方における国立大学の設置には政治的な統合を図るという意味が強かった。国立大学は象徴的な意味を持ち、各州に少なくとも1校設置

する方針がとられた（西野2004：109）。

　インドネシア大学は、独立後、オランダからインドネシア政府に移管され、以下の10学部を有した。すなわち、ジャカルタの法学部、医学部、経済学部及び文学部、ボゴール（西ジャワ州）の農学部及び獣医畜産学部、バンドン（西ジャワ州）の工学部及び数学自然科学部、スラバヤ（東ジャワ州）の医学部及び歯学研究所、マカッサル（南スラウェシ州）の経済学部である。

　これらの学部は、他の国立高等教育機関との統合などにより、個別の大学として独立していった。1954年、スラバヤの医学部及び歯学研究所はアイルランガ大学へと発展した。また、バンドンの工学部などがバンドン工科大学として1956年に独立し、マカッサルの経済学部は1956年にハサヌディン大学へと発展した。さらに、1963年にはボゴールの農学部などがボゴール農科大学へと発展した。

　このほか、1956年にアンダラス大学（Universitas Andalas）がブキティンギ（西スマトラ州）に創設され、1957年には、バンドンにパジャジャラン大学（Universitas Padjadjaran）、メダン（北スマトラ州）に北スマトラ大学（Universitas Sumatera Utara）、60年には、スマラン（中部ジャワ州）にディポネゴロ大学（Universitas Diponegoro）、バンジャルマシン（南カリマンタン州）にランブン・マンクラット大学（Universitas Lambung Mangkurat）が創設された。

　初等中等教育の教員養成のため、1963年大統領決定第1号により、教育専門大学（Institut Keguruan dan Ilmu Pendidikan：IKIP）が創設された。1965年には、国立の5つのIKIPが、マカッサル、メダン、スマラン、マナド、パダンの各地に設置され、これにより、中スラウェシ州と東南スラウェシ州という誕生まもない州を除き、すべての州に国立の高等教育機関が設置されたことになった。65年時点の国立の高等教育機関は、26の総合大学、3つの専門大学、10のIKIPであった（Direktorat Jenderal Pendidikan Tinggi 2003：54）。

私立から国立への転換

インドネシアの高等教育発展の独特の事情として、以上のような国立大学の増設が私立から国立への転換によって進められた（表3-3）。地域の教育需要の高まりに対応して生まれた私立大学がその基礎となって国立大学が誕生したのである。

例えば、ディポネゴロ大学は1957年に私立のスマラン大学として設立され、3周年を迎える際に、当時のスカルノ大統領が名称をディポネゴロ大学へと変更するとともに国立大学となった（http//:about.undip.ac.id/, 2014.3.31）。また、プルウォケルト（中部ジャワ州）のスディルマン将軍大学は、61年に地域の教育需要の高まりに応じてスディルマン大学指導財団が設けられ、64年に国立スディルマン将軍大学として正式に創設された（http://www.unsoed.ac.id/en/node/history, 2014.3.20）。ジュンブル大学財団はジュンブル（東ジャワ州）に大学の創設を望む、アフマド博士（Dr. Achmad）などの考えから始まり、1957年に私立大学タワング・アルン大学（Universitas Tawang Alun）が創設された。これが、1964年に国立ジュンブル大学（Universitas Negeri Djember）となった（http://unej.ac.id/profil/sejarah-singkat, 2015.3.4）。

地域には大学の設置を望む声が高く、政府は先述のように各州に1国立大学という基本政策をとっていた。政府にとって、私立大学の国立への移管は既存の校地や人的な資源を活用できるというメリットがあった。また、財団の側にとっては国立にすることで財源や威信を得ることができた。こうした両者の利害の一致もあり、私立大学の国立への移管が進んだと思われる。なお、私立から国立への転換は今日に至るまで実施されている。

表3-3 私立大学から国に移管された大学一覧（1949年～1964年）

国立大学名	設置年月日
ガジャマダ大学	1949年12月19日
パジャジャラン大学	1957年9月11日
スラバヤ工科大学	1960年11月3日
ディポネゴロ大学	1960年10月15日
アンダラス大学	1956年9月1日
スラウェシ北・中部大学	1961年7月4日
スラバヤ経済単科大学	1961年8月8日
パティムラ大学	1962年8月1日
リアウ大学	1962年10月1日
ブラウィジャヤ大学	1963年1月5日
ジャンビ大学	1963年4月1日
ポンティアナック国立大学	1963年3月20日
スディルマン将軍大学	1964年8月17日
ジュンブル大学	1964年11月9日

出典：Direktorat Jenderal Pendidikan Tinggi, 2003, "Pendidikan Tinggi Indonesia Dalam Lintasan Waktu dan Peristiwa"

スラバヤ工科大学（スラバヤ）

ディポネゴロ大学（スマラン）

高等教育の拡大と質の低下

このように高等教育の拡大が進む一方、ブホリらは高等教育の質の低下が問題と指摘する。その理由として、①施設・設備や教員の質が高等

教育の急激な拡大に対応できなかったこと、②一定の学力を備えた新入生を確保することが困難だったこと、③教授言語がインドネシア語となり、オランダ人教員が帰国したことで教育の質が低下したことをあげる（Buchori & Malik 2004：256-7）。

これに対し、政府は、1950年代の半ばに帰国したオランダ人教員の欠員を埋めるために緊急措置として西ヨーロッパから教員を招致し、また、復興及び教員教育のために米国政府から無償資金援助を受けた。さらに、共産主義国・社会主義国から奨学金を受け入れ、多くの教員や若者がソ連の大学に留学した。（Direktorat Jenderal Pendidikan Tinggi 2003：239）

第4節　高等教育の拡大-スハルト第2代大統領の時代（1965年～1998年）

1965年9月30日深夜から10月1日未明に発生した「9・30事件」を契機にスカルノ体制は崩壊に向かい、1968年、スハルトが第2代大統領に就任した。スハルトは、西側諸国の援助も導入し、経済の立て直しを図り、「開発」を国家目標に掲げ、食糧増産、工業化、社会開発を推進した。1969年から5か年の開発計画（レプリタ）が始まり、1998年のスハルト退陣に至るまで、7次にわたるレプリタが策定された。1968年から96年の成長率が年平均7.0％に達するなど、経済発展が続いた。

スハルトの時代に本格的な教育の普及・拡大が始まった。経済発展に伴う、生活水準の向上を背景に、国民の進学意欲は高まり、初等中等教育の普及・拡大が進むとともに高等教育機関への就学率も着実に上昇した。また、教育行政に関する法律や行政の整備も進んだ。

1990年前後には、高等教育のグローバル化がインドネシアにも影響を及ぼすようになり、新たな高等教育の質保証制度の導入や国立大学の法人化の検討が始められた。なお、これらの動きについては、次節においてまとめて記述する。

1　教育の普及と拡大
着実な就学率の向上

スハルト体制下においては、「多様性の中の統一」を実現する装置として学校教育の役割を重視し、本格的な教育開発が開始された。1984年には6年制の義務教育が定められ、1980年代には初等中等教育修了者の増加を背景に急速に高等教育が発展した。

1969年から7次にわたるレプリタに基づき、教育開発が進められたが、その特徴の一つに民間活力の効率的利用が年を経るごとに強調される傾向がある。その例として、レプリタⅣ～Ⅵでは、私立教育機関の育成、教育運営における民間参加の強化が強調されている（服部2006：162）。

レプリタⅠの開始前の1968年の小学校の純就学率は58.38％であったが、レプリタⅥの開始時の1994年には94.71％と大きく就学率が向上した。また、中学校の粗就学率は68年の17.06％から94年の57.78％へ、高校の粗就学率は68年の8.58％から94年の35.07％、高等教育機関への粗就学率は68年の1.69％から94年の10.16％へとそれぞれ向上した（図3-1）。

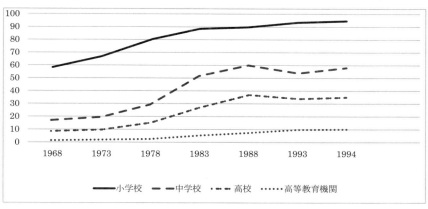

図3-1　就学率の推移

出典：Ministry of Education and Culture, 1997, "Education Development in Indonesia" により筆者作成。
（注）小学校は純就学率、その他は、粗就学率である。

また、1973年と1994／95年の女子学生の比率を比べると、小学校、中学校、高校、高等教育機関のすべてにおいて女子の比率が高まっている。1994／95年時点の比率を学校種別に比べると、女子学生の比率は小学校48.16％、中学校47.28％、高校45.70％、高等教育機関38.32％となっており、上位の学校ほど女子学生の比率が低くなっている（図3-2）。このように女子の就学は進んだが、上位の学校への進学では男女差が大きい。

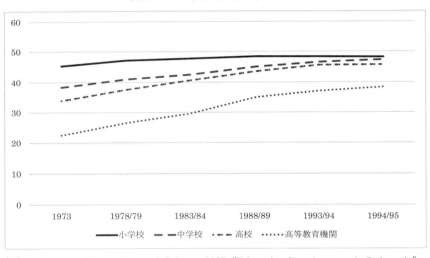

図3－2　女子学生比率の推移

出典：Ministry of Education and Culture, 1997, "Education Development in Indonesia"により筆者作成。

　先述のように、国立大学については各州に最低1つの国立大学を設置するという政策がとられており、地方分権が進められる中で州の数が増えるに伴い、国立大学の設置も進んだ。1984年には、45番目の国立大学として、遠隔教育を実施する公開大学（Universitas Terbuka）が創設された。印刷媒体、ラジオやテレビ放送、ビデオ、コンピュータを活用して教育を行っており、本部キャンパスは首都ジャカルタ近郊に位置

している。高等教育の拡大に大きな役割を果たしている（http://www.ut.ac.id/en/ut-in-brief.html, 2015.3.4）。

高等教育の質に関する課題

このように、スハルト体制の下では、レプリタに基づき、着実な教育の普及・拡大がなされてきたが、一方で高等教育の質の面はどうなっていたのか。教育文化省は1997年に、高等教育の質の指標として、教員の質、職務にかける時間、施設・設備を取りあげて、以下のような検証を行っている（Ministry of Education and Culture 1997：85-8）。

インドネシアの教員の学歴は他国と比べて低い。1994年度において51,875人の全国立大学教員のうち、博士号取得者は7.0％、修士号が23.0％、学士号が70.0％である。私立大学では全教員98,732人のうち、博士2.0％、修士12.0％、学士86.0％となっている。

また、教員が大学で教育に費やす時間が少ない。1992年度では40％の教員がパート・タイムで働いていると報告されている。多くの常勤教員が他の大学、特に私立大学で教育に従事することは問題であり、また、その理由として、国立大学の給与が低いこと、私立大学の教員不足がある。さらに、教員室や図書館など施設・設備の不十分さも指摘している。

2　教育行政の整備

初の包括的な教育の基本法の制定

1989年、教育制度全体について初めて包括的に定めた基本法として「国民教育制度法（1989年法律 第2号）」[(2)]が定められた。教育に関する法整備という点では、独立直後の1950年に「教育の基本に関する法律（1950年法律 第4号）」[(3)]が制定されていたが、これは教育文化省の管轄下の学校について規定したものであり、マドラサ（イスラーム学校）やプサントレン（イスラーム寄宿学校）といった宗教省管轄の学校や教育文化省以外の省庁が管轄する学校は対象としなかった。これに対し、

国民教育制度法は、憲法で定められた単一の国民教育制度を実現するための教育制度の統合と初等中等教育の再編を改革の柱とした。

また、高等教育の基本的な事項は、従来、高等教育の基本法である高等教育機関法で定められていたが、国民教育制度法の制定により、基本的事項は国民教育制度法で規定し、詳細は政令に委ねるという整理がされ、1990年に「高等教育に関する政令（1990年政令 第30号）」が制定された。

私立高等教育行政の整備

私立高等教育の拡大に伴い、私立高等教育機関に対する監督・指導などの業務を担当する行政部局の整備が課題となった。教育文化省は1968年に、私立高等教育機関の増加に対応して、私立高等教育の監督・指導のための出先機関として高等教育機関調整官を全国7地域に設置した。これは、1975年には私立高等教育機関調整官と改称され、私立高等教育機関の設置に関する調整も担当した。

1990年に、教育文化大臣規則 第0135/0/1990号により、全国12の私立高等教育機関調整部（KOPERTIS）が設置された。さらに、2013年には、アチェ州とパプア州・西パプア州をそれぞれ所轄とする新たなKOPERTISが誕生し、現在、14のKOPERTISが整備されている（参照：第2章第2節）。

教育文化省は、KOPERTISを通じ、私立高等教育機関の設置認可や教育プログラムのステータス付与、国家試験の実施など多岐にわたる業務を展開した。また、国立大学は私立大学の到達目標となり、私立高等教育機関は国立と連携を深めることを通じてレベルアップを図ることが期待された。国家試験の運営や問題作成、プログラムの審査を実際に担ったのは国立大学教員であった。このほか、国立大学教員の私立大学における非常勤としての勤務や国立大学の教育研究施設を私学が共同利用するなど、様々なルートを通じて、国立は私立に影響を及ぼした。

第5節　高等教育のグローバル化への取組
－「改革」の時代（1998年～）

　1997年7月に始まるアジア経済危機をきっかけに30年以上続いたスハルト政権が崩壊し、「改革」の時代を迎えた。4回にわたって毎年、憲法の改正が行われ、民主化、地方分権化が進められた。2004年には建国史上初めての直接大統領選挙が行われ、ユドヨノ大統領が誕生した。こうして政治体制が安定するとともに、経済も順調に発展を遂げている。2003年には、新たに「国民教育制度法（2003年法律 第20号）」[4]が制定された。同法には教育のグローバル化に対応して「アクレディテーション」や「教育法人」に関する規定が盛り込まれ、この法律に基づく制度改革が着実に実施に移された。その一環として2009年、「教育法人法（2009年法律 第9号）」[5]が制定され、学校教育の実施主体は国立、私立を問わず全て教育法人となったが、この法律は、教育に対する国の責務を定める憲法に違反するとして、翌10年に違憲判決を受けた。

　このような状況を踏まえ、高等教育の基本事項を再構築するため、2012年8月、高等教育の基本法として「高等教育法（2012年法律 第12号）」が定められた。

1　進む高等教育の拡大

　スハルト体制下に引き続き、今日に至るまで教育の普及・拡大が進んでいる。中等教育修了者の増加とともに、高等教育への進学者が増加し、高等教育機関（教育文化省管轄）の在学者数は、1995/96年の2,303,460人から2012/13年の5,822,143人へと、2.53倍になった。これを設置者別に見ると、国立では、2.12倍、私立では2.77倍となっており、最近の高等教育の拡大は私立機関の学生の増加によるところが大きいことがわかる（表3-4）。

　それでは、どの学校種の私立高等教育機関の学生数が増加しているのか。学校種別の学生数のデータが取得できた2002/03年と2012/13年の学

生数を比較してみると、総合大学が5.98倍、次いで、専門大学3.27倍、ポリテクニック2.06倍、単科大学1.44倍、アカデミー0.60倍となっている（表3-5）。

　総合大学や専門大学の学生数の増加が大きい背景には、社会経済の高度化が進む中でより高度な教育を求める傾向が高まっていること、また、学生や親、社会一般は高学歴志向であり、よりステータスの高い、総合大学や専門大学を志向することがある。

表3－4　高等教育機関（教育文化省管轄）の学生数の推移（設置者別）

	1995/96年 (A)	2012/13年 (B)	増加数	(B)/(A)
国　立	853,298	1,812,427	959,129	2.12
私　立	1,450,162	4,009,716	2,559,554	2.77
合　計	2,303,460	5,822,143	3,518,683	2.53

出典：Ministry of Education and Culture, 2013, "Indonesia Educational Statistics in Brief 2012/2013"に基づき、筆者作成。

表3－5　私立高等教育機関の学生数の推移

学　校　種	2002/03年 (A)	2012/13年 (B)	増減数 (B)-(A)	(B)/(A)
総　合　大　学	355,436	2,124,758	1,769,322	5.98
専　門　大　学	54,763	178,936	124,173	3.27
単　科　大　学	880,379	1,265,532	385,153	1.44
ア　カ　デ　ミ　ー	594,656	355,694	-238,962	0.60
ポリテクニック	41,117	84,796	43,679	2.06
計	1,926,351	4,009,716	2,083,365	2.08

出典：Ministry of Education and Culture, 2013, "Indonesia Educational Statistics in Brief 2012/2013"に基づき、筆者作成。

2　国立教育大学の再編

　1999年に国立教育大学（IKIP）を総合大学に再編する大統領決定が

出され、同年6月に、ジョグジャカルタ国立大学、スラバヤ国立大学、マラン国立大学、マカッサル国立大学、ジャカルタ国立大学、パダン国立大学が誕生し、同年10月に、スマラン国立大学、インドネシア教育大学、メダン国立大学が創設された。続いて、2000年9月にマナド国立大学が誕生した。さらに、それまで私立の教育大学であったゴロンタロとシンガラジャが2001年2月に国立ゴロンタロ教育大学とシンガラジャ教育大学となった。服部は（服部2013：244）再編の理由として、第一に総合大学化することによって、国立大学の定員数を増加させることを上げる。国立大学を目指す志願者数が増加する中で競争の緩和を図るためである。第二に、より質の高い学生の入学を確保するためである。国立教育大学はこれまで総合大学に劣る二流大学、あるいは第二の選択肢として考えられる傾向があった。国立教育大学を総合大学化することで、より質の高い学生の入学を確保することを目指したのである。

　総合大学化によって、旧教育大学には教育系以外の学部が新設されるようになった。なお、インドネシアの教員養成は開放制をとらず、教員養成学部を卒業することが原則である。しかし、教員養成学部を卒業していなくても、アクタ（Akta）と呼ばれる1年間の非学位プログラムを受講することで教員になることが可能である。

パダン国立大学。右側は学習教材作りの展示をする学生たち

3　新たな高等教育質保証制度の構築

　高等教育のグローバル化が進む中、1980年代後半に入ると新たな質保証制度の検討が始まった。私立大学の教育研究水準の向上や地方の国立大学の増設に伴い、国立が私立の到達目標というステータス付与の考え方が実態に合わなくなってきたという事情もあった。

　1989年の国民教育制度法（1989年法律　第2号）第45条で「政府は必要性と状況の変化に応じ、カリキュラム並びに教育の施設・設備に関し、定期的かつ継続的な評価を実施する」と規定され、この法律の実施のために定めた1990年の「高等教育に関する政令（1990年政令30号）」で「アクレディテーション」という用語が始めて登場した。

BAN-PTの設置

　1994年に国家高等教育機関アクレディテーション委員会（Badan Akreditasi Nasional Perguruan Tinggi：BAN-PT）が設置された。BAN-PTは、国立及び私立のすべての高等教育機関の質と成果を評価することを責務とする独立した機関と位置づけられ、1998年に学士課程プログラムのアクレディテーション結果を公表し、その後、修士課程プログラム、博士課程プログラムのアクレディテーションが続いた。

　こうして私立高等教育機関の現場では従来のステータス付与による「登録」、「認定」、「同等」の3段階のステータス付与制度はBAN-PTによるアクレディテーションに切り替えられていった。2001年には私立高等教育機関在学者を対象とする国家試験は廃止[6]され、国立と私立は同じ基準で評価されることとなった。私立高等教育機関にとっては、BAN-PTによるアクレディテーションと教育文化省高等教育総局による設置認可・監督という二元的な質保証体制となった。

アクレディテーションの「義務化」

　2003年の「国民教育制度法（2003年法律　第20号）」において、アクレディテーションは「すべての段階の正規教育及び非正規教育に関する

プログラムと教育機関の適切性を決定するために実施され（同法 第60条）」、アクレディテーションを受けた機関のみが学位を授与できると規定された（同法 第61条）。この結果、アクレディテーションは事実上、義務化された。

これに伴い、BAN-PTの審査のための予算の確保や審査体制の充実が緊急の課題となった。2012年時点で国立高等教育機関の教育プログラムが4,721、私立高等教育機関のプログラムが12,056の合計16,777に上るが、このうち、アクレディテーションが有効になされているプログラムは8,638にとどまっている。これは相当数のプログラムが有効期限切れになっていることを意味するが、これら期限切れのプログラムの多くは教育活動を継続している。アクレディテーションの審査経費は私立の高等教育機関も含めて国が負担しているが、BAN-PTによると、その額は十分ではなく、審査の遅滞につながっている（Kompas 2013.3.21）。なお、教育プログラムに加えて、高等教育機関もアクレディテーションの対象となっているが上記のような状況であり、機関のアクレディテーションまで手が回らないのが現状である。

「高等教育法」による新たな質保証体制の整備

2012年に制定された高等教育法（2012年法律 第12号）ではBAN－PTの役割を見直し、BAN-PTは高等教育機関のアクレディテーションを担当し、教育プログラムのアクレディテーションは「独立アクレディテーション機関（Lembaga akreditasi mandiri：LAM）」が実施することになった（同法 第55条）。この見直しの背景には、上述のようなBAN-PTの審査の遅滞という事情もある。LAMは政府或いは民間の機関として設立できるが、民間が設立する際には、BAN-PTの推薦が要件となった。LAMは学問分野ごとに設立することが想定されているが、「日本技術者教育認定機構（JABEE）」がJICAとともに工学教育を対象とするLAMの設置に関して技術協力を実施していることが注目される。

また、アクレディテーションは「国家高等教育基準(Standar Nasional

Pendidikan Tinggi)」に基づいて実施されることが明記され、国家高等教育基準は2014年6月、「高等教育国家基準に関する教育文化大臣規則（2014年 第49号）」により定められた。

　各国の高等教育制度は、歴史と伝統に対応した質保証の仕組みをもつ（羽田2009：3）が、インドネシアでは、大学、専門職団体、学協会、大学団体といった質保証に関与するべき基盤が必ずしも強固ではないので、質保証において教育文化省の果たす役割が大きいことが特徴となっている。

4　国立大学の法人化の動向
国立大学の法人化の検討と導入

　1990年代に入ると、インドネシアにおいても大学経営の自律性を高め、国際競争力の向上を目指すなどの観点から、国立大学の法人化への準備が進められた。1999年に定められた「高等教育機関の法人化に関する決定（1999年政令 第61号）」において、一定の要件を満たす国立の高等教育機関は自立した国有法人（Badan Hukum Milik Negara：BHMN）になる（同政令 第2条）とされた。国有法人となる条件は、「国立高等教育機関の法人化の条件及び手続きに関する国民教育大臣決定（042/U/2000）」第2条において、①効率的で良質の高等教育を実施すること、②財政的遂行能力に関する最低基準を充たすこと、③経済原理及び説明責任に基づく運営を行うこと、の3点とされた。

　国有法人化した高等教育機関の初期財産は国有財産を原資とし（高等教育機関の法人化に関する決定（1999年政令 第61号）第5条）、財政、人事、資産運営、教育研究などに関する一定の自治が与えられた。ガバナンスについても新たに最高経営会議が置かれ、その権限は、教育研究以外の事項の方針を決定すること、大学執行部の任免、戦略計画及び年次事業予算計画を承認することなどに及ぶ（同政令 第9条）。従来、大学運営の最高議決機関と位置づけられていた評議会は教育研究の分野に限って最高の意思決定機関と位置づけられた（同政令 第12条）。最高経

営会議は、政府と社会を代表する機能を持ち、高等教育所管大臣、評議会、社会、学長等から構成される（同政令 第8条）。

これらの規定の整備を受けて、2000年にインドネシア大学、ガジャマダ大学、ボゴール農科大学、バンドン工科大学が国有法人化され、2003年に北スマトラ大学、2004年にインドネシア教育大学、2006年にアイルランガ大学が続いた。

バンドン工科大学（バンドン）

インドネシア教育大学（バンドン）

「教育法人法」の制定

2003年の国民教育制度法では、国立と私立を問わず、初等教育から高等教育まで、すべての学校教育の実施者は非営利を原則とする教育法人の形態をとることとされ、教育法人について別に法律で定めることになった（同法 第53条）。これに基づき、2009年に成立したのが「教育法人法（2009年法律 第9号）」である。同法では、既に国有法人となった国立大学も含め、国立、私立を問わず、すべての高等教育機関の経営は「教育法人」が担うことになった。

教育法人法で定める高等教育の経営主体は、「政府が設立する教育法人（Badan Hukum Pendidikan Pemerintah：BHPP）」、「民間が設立する教育法人（Badan Hukum Pendidikan Masyarakat：BHPM）」、「既実施教育法人（BHP Penyelenggara）」の3種類の法人であった。国立高等教育機関の経営はBHPP、私立高等教育機関の経営はBHPM又は「既

実施教育法人」が担うことになった。このうち、「既実施教育法人」とは、既に公式教育を実施し、かつ、教育法人として認められている財団や協会などの法人である。

　教育法人法ではガバナンスも見直され、先行した国立大学の法人化と同様の考え方で、教員による「評議会」は教育研究に関する権限に限定され、最高意思決定機関は、設立者、教員代表、学長、職員代表及び社会代表からなる「最高経営会議」とされた。

「教育法人法」違憲判決
　このように、新たな高等教育機関の経営の法的枠組みを規定した「教育法人法」は、2009年に成立したが、翌10年3月、憲法裁判所から違憲との判決を下された[7]。その主旨は、教育の実施を教育法人に委ねることは、憲法の定める、教育に対する国の責務に反するということであった。

　この判決の背景には、高等教育の商業化に対する批判があったと思われる。法人化によって、財政、人事、資産運営、教育研究などに一定の自治が付与されたが、西野（西野 2004：114-8）によると、これら国有法人化された大学は自己収入の確保に力を注ぐようになり、一般入試とは別に特別選抜入試による高額授業料の徴収や非正規プログラムの拡充による増収を目指すようになった。この動きは他の法人化されていない国立大学にも及んだ。こうした収入確保策に対してはマスコミなどを通じた批判がなされてきた。

　近年、所得水準が向上しているとは言っても、なお、一般家庭にとっては、高等教育への進学は相当な経済的負担である（参照：第5章第2節）。政府は奨学金の導入などの施策を進めているが、なお、国民の間に不満が大きい。

「高等教育法」の制定
　教育法人法の違憲判決後、2012年に高等教育の基本法として定められ

た「高等教育法」においては、国立高等教育機関は「法人国立高等教育機関（PTN Badan Hukum：PTN-BH）」と「国立高等教育機関（PTN）」に分かれる（同法 第1条）。

PTN-BHは国有法人化の流れを踏襲するもので、2000年以来国有法人化された7大学に、2014年以降に新たに、パジャジャラン大学、ハサヌディン大学、ディポネゴロ大学、スラバヤ工科大学4大学が加わり、現在、11のPTN-BHが存在している。

一方、高等教育法では、PTNの経営について、公共サービス事業体財務管理システム（Pola Pengelolaan Keuangan Badan Layanan Umum：PPK-BLU）に基づくという方向性を示した（同法 第65条）。PPK-BLUは、行政の効率化という観点から、国庫法（2004年法律 第1号）[8]により導入され、2005年に「公共サービス事業体財務管理に関する政令（2005年政令23号）」、2008年には「公共サービス事業体財務管理を適用する国立高等教育機関のミニマム・サービス基準要領に関する国民教育大臣規則（2008年規則 第53号）」が整備され、国立病院などと並んで国立の高等教育機関への導入が進んでいる。このような国立大学の経営の新たな枠組みの導入が、今後、国立大学の経営や教育研究にどのような影響を及ぼしていくのか注目される。

なお、高等教育法に対しても違憲訴訟がなされたが、2013年12月憲法裁判所はこれを合憲と判断した。

表3-6　国立大学の法人化をめぐる動向

年	事　項
1999年	・高等教育に関する政令（1999年政令第60号）及び高等教育機関の法人化に関する決定（1999年政令第61号）の制定
2000年	・国立高等教育機関の法人化の条件及び手続きに関する国民教育大臣決定（042/U/2000）の制定 ・インドネシア大学、ガジャマダ大学、ボゴール農科大学、バンドン工科大学の国有法人化
2003年	・国民教育制度法（2003年法律第20号）の制定 ・北スマトラ大学の国有法人化
2004年	・国庫法（2004年法律第1号）の制定（第68条、第69条で「公共サービス事業体財務管理」について規定） ・インドネシア教育大学の国有法人化
2005年	・公共サービス事業体財務管理に関する政令（2005年政令23号）の制定
2006年	・アイルランガ大学の国有法人化
2008年	・公共サービス事業体財務管理を適用する国立高等教育機関のミニマム・サービス基準要領に関する国民教育大臣規則（2008年規則第53号）の制定
2009年	・教育法人法（2009年法律第9号）の制定
2010年	・「教育法人法」違憲判決
2012年	・「高等教育法（2012年法律第12号）」の制定
2013年	・バンドン工科大学、ボゴール農科大学、ガジャマダ大学、インドネシア大学が法人国立高等教育機関（PTN-BH）に転換 ・「高等教育法」合憲判決
2014年	・インドネシア教育大学、北スマトラ大学、アイルランガ大学がPTN-BHに転換 ・新たに、パジャジャラン大学、ハサヌディン大学、ディポネゴロ大学、スラバヤ工科大学がPTN-BHに転換

ハサヌディン大学工学部の新キャンパス（マカッサル）。右側は工学部の学生たち

5　私立高等教育機関の経営構造の動向
「教育法人法」から「高等教育法」へ

　先述のように、「教育法人法」では私立高等教育機関の経営主体は「民間が設立する教育法人（BHPM）」或いは「既実施教育法人」が担うことになり、国立と私立を所掌する法人の種類は異なるが、同じ「教育法人」のカテゴリーとして類似性が高まった。その結果、私立機関に対し、より公共性が要求されるようになった。すなわち、自治、説明責任、透明性、質の保証、最高のサービス、公平なアクセス、多様性、持続性、国家への責任の原則に基づくとされ（同法 第4条）、また、学問的潜在能力を有するが経済的に恵まれない家庭の出身であるインドネシア人を新入学生の20%以上受け入れることや学生への奨学金や学費支援について、私学も義務付けられた（同法 第46条）。

　しかしながら、このように公共性がより強く求められる一方で財政的な支援が約束されていたわけでもなく、私学側から反対の声もあり、一部の私立大学関係者は「教育法人法」違憲訴訟の原告となった。

　第2章で述べたように、2012年の「高等教育法」では、私立高等教育機関の運営について裁量の余地を拡大する方針がとられている。高等教育機関の運営は設置者が定める定款（Statuta）に基づく（同法 第60条及び第66条）。定款の規定は従来、国の機関に準じるという制限があったが、今回の規定では、設置者の裁量を認める余地が大きくなった。また、責務として私立高等教育機関に対する国の支援についても明記された（同法 第89条）。

「財団法」の制定

　以上のように、高等教育の経営主体の見直しがなされる一方、私立高等教育の設置者である財団に関連して、2001年に財団法（2001年法律第16号）[9]が制定されたことに留意が必要である。

　インドネシアの私立高等教育機関の経営主体のほとんどは財団（yayasan）であるが、従来、インドネシアでは、財団の設立に関して

規定する法律はなく、社会的慣習に基づく登録によって容易に設立が認められていた。しかし、スハルト体制下において、大統領を始めとする政府高官が財団を設立し、不透明な資金集めをして、蓄財等に利用し、政治腐敗に結びついたという事例もあった。このため、情報公開や説明責任の原則に則した運営がなされるよう、財団の設立や運営に関して定めた財団法の制定がなされた。財団は、社会、宗教、人材の分野における目的を達成するために準備された財産による法人で会員を持たないものと規定され（財団法 第1条）、私学高等教育の設置者は、財団法に基づき、登録を進めている。

6　教育開発に関する国家の役割の強化

　2012年の「高等教育法」の規定は多岐にわたっているが、以上のような高等教育の質保証の新たな体制や高等教育機関の経営構造に加えて、教育開発に関する国の役割を強調した点に特徴がある。その背景には、「教育法人法」違憲判決で国の教育に対する責務が問われたことが存在すると思われる。

　例えば、各州に総合大学、専門大学、ポリテクニックを1以上設置すること（同法 第80条）、コミュニティ・アカデミーを各地域に1以上設置すること（同法 第81条）、さらには、高等教育に必要な経費に対する政府の財政負担（同法 第89条）について定めるなど、国の高等教育に関する責務について具体的に法律に書き込んでいる。これらの施策の具体化には予算化が必要であり、今後の動向が注目される。

第6節　小　括

　1961年の「高等教育機関法」の制定により、高等教育の法的基盤が確立し、その後、第2代大統領スハルトの時代に本格的な教育開発が始まり、今日に至るまで教育の普及・拡大が進んでいる。

　独立戦争時の私立総合大学の誕生に見られるように、政府は早い時期

から私立高等教育に一定の役割を期待するという考え方をとってきた。その背景には、国民の間の高い進学志向と民間における高等教育機関設置への強い意欲とともに、国の財政能力の限界があったからだと思われる。

　私立高等教育機関の設置は国立をモデルとする「ステータスの付与」という仕組みからスタートしたが、2000年前後にはアクレディテーションの仕組みが確立し、国立と私立が同等の立場で評価されるようになった。一方、経営形態について、国立大学では紆余曲折があったが、法人化という仕組みが導入されたのに対し、私立の場合は、経営形態の変更はなく、また、特段の助成や支援の仕組みも実現されていない。

　「教育法人法」の違憲判決を経て、2012年に制定された「高等教育法」では国の責務が強調されており、今後の動向が注目される。

注
（1）「高等教育機関法」の制定に先立ち、1961年4月に教育文化省（Departmen Pendidikan, Pengajaran dan Kebudayaan）が3分割され、高等教育機関学術省（Departmen Perguruan Tinggi dan Ilmu Pengetahuan）、基礎教育・文化省、スポーツ省となった。その後、高等教育を所掌する行政組織は、1974年に教育文化省（Departmen Pendidikan dan Kebudayaan）、1999年に国民教育省（Departmen Pendidikan Nasional）、2011年に教育文化省（Kementrian Pendidikan dan Kebudayaan）、2014年に科学技術高等教育省（Kementrian Riset, Teknologi, dan Pendidikan Tinggi）へと変遷を遂げている。

（2）Undang-Undang Nomor 2 Tahun 1989 tentang Sistem Pendidikan Nasional

（3）Undang-Undang Nomor 4 Tahun 1950 tentang Dasar-dasar Pendidikan dan Pengajaran di Sekolah

（4）Undang-Undang Nomor 20 Tahun 2003 tentang Sistem Pendidikan Nasional

（5）Undang-Undang Nomor 9 Tahun 2009 tentang Badan Hukum Pendidikan

（6）国家試験に関する規定の無効については「高等教育機関の教育プログラムの監査、監督及び育成方針に関する国民教育大臣決定（184/U/2001）」第6条に規定している。

(7)「教育法人法」違憲判決（11-14-21-126-136/PUU-Ⅶ/2009、2010年3月31日）
(8) Undang-Undang Nomor 1 Tahun 2004 tentang Perbendaharaan
(9) Undang-Undang Nomor 16 Tahun 2001 tentang Yayasan

第4章　私立高等教育の質的側面に関する考察

　本章では私立高等教育の質的側面について考察する。高等教育の質を定義することは困難であるが、ここでは国家高等教育機関アクレディテーション委員会（BAN-PT）によるアクレディテーションの結果に基づき、国立と比較しながら私立高等教育機関の教育プログラムの質的側面について検討する。

　先ず、BAN-PTによるアクレディテーションの仕組みについて述べる（第1節）。次いで、BAN-PTのアクレディテーション結果に基づいて、国立の機関と比較しながら、私立高等教育の質的側面を検討する（第2節）。さらに、私立大学の質保証への取組の事例としてパンチャシラ大学を取り上げて考察を行う（第3節）。

第1節　BAN-PTによるアクレディテーションの概要

　前章で見たように、インドネシアでは1960年代から国立高等教育機関をモデルとしたステータス付与の仕組みで私立高等教育の質の保証を行ってきた。その後、90年代に入り、高等教育のグローバル化に対応する中で新たな高等教育の質保証の仕組みが構築され、今日、BAN-PTによるアクレディテーションが実施されている。

1　BAN-PTによるアクレディテーションの位置づけ

　BAN-PTによるアクレディテーションは外部質保証という位置づけがなされている。高等教育法（2012年法律　第12号）では、政府は質の高い教育を確保するために質保証システムを運用するとし（同法　第51条第2項）、さらに、この質保証は高等教育機関自身によって開発される内部質保証システムとアクレディテーションを通じて実施される外部質保証システムからなる（同法　第53条）。

　また、実施主体のBAN-PTは、教育文化大臣傘下の「非構造的な組

織（badan nonstruktural）」であり、大臣が任免する理事からなる理事会が最終的な意思決定を行う。このように、教育文化省内の組織であり、その運営予算や事務局は同省の研究開発局の管轄下にある。アクレディテーションの評価基準の設定や審査の実施に関しては独立性を有するが、国からの独立性という点では一定の限界がある。

2　審査の対象と基準

　アクレディテーションの審査対象となる資料・情報は、カリキュラム、教育関係職員の質及び数、学生、教育活動、施設及びインフラストラクチャー、学務の管理運営方法、職員管理、財政、高等教育機関の運営、学習成果及び卒業生の質が含まれる（「高等教育機関における教育プログラムのアクレディテーションに関する国民教育大臣決定第2条（2002年）」）。

　羽田は「各国の質保証制度構築のプロセスで進行しているのは一種の標準化である。その標準化は、教員組織・カリキュラムなどプロセスを対象にして質を維持してきた仕組みに、学習成果などアウトカムを組み込む形で進行している（羽田2009：295）」と述べているが、インドネシアにおいても質保証の基準は標準化という形で見直しが進んでいる。

　現在適用されている2008年の学士課程プログラムのアクレディテーション基準では、①ビジョン、ミッション、目的、目標及び戦略、②監督、リーダーシップ、経営システム、質保証、③学生及び卒業生、④教職員、⑤カリキュラム、教育、学術的雰囲気、⑥予算、施設・設備、情報システム、⑦研究、社会サービス及び連携、という各項目について、さらに細目ごとに審査基準と配点が定められている。

3　実施の手順

　アクレディテーションの実施手順は、各大学による自己点検評価、BAN-PTの委嘱を受けた審査員2名による書類審査及び2日間にわたる実地審査、以上の結果に基づくBAN-PTの理事会による決定というプ

ロセスをとる。学士課程の場合、レベルA（優、評価点361-400）、B（良、評価点301-360）、C（可、評価点200-300）の認定がなされ、評価点が200に満たない場合は不認定となる。認定の有効期間は5年間である。

　このA、B、Cのランク付けについては、1960年代から私立高等教育機関が「登録」、「認定」、「同等」というステータスを付与されてきた考え方が今日でも維持されていると考えられる。

BAN-PT審査チームの来訪を歓迎する垂れ幕（左側がパダン国立ポリテクニック、右側がスマラン国立ポリテクニック）

第2節　アクレディテーション結果の現状

1　プログラム評価点の比較

　総合大学と専門大学の学士課程の教育プログラムのアクレディテーション結果を対象として、私立と国立を比較する。資料として2010年12月現在の状況を記載したBAN-PTの「アクレディテーション報告（Direktori Akreditasi Program Studi Tahun 2010 Buku Ⅰ～Ⅹ」を用いた。対象となるプログラム数は、私立391大学の2,797教育プログラム、国立55大学の1,417教育プログラムである。

　私立大学のプログラムは国立より評価が低い
　教育プログラムの評価点を比較すると、私立大学の教育プログラムは

国立大学よりも一般に評価が低い。私立大学のプログラムは国立と比べてA評価のプログラムの割合が低く、C評価の割合は高い（表4-1）。すなわち、A評価のプログラムは、私立大学では218プログラムで全体（2,797）の7.8％、国立大学では416プログラムで全体（1,417）の29.4％を占めている。一方、C評価のプログラムは、私立大学では44.5％、国立大学では15.3％を占める。

表4－1　プログラム評価点の現状（2010年12月現在）

	評　価			合計
	A	B	C	
私立大学	218 （7.8%）	1,334 （47.7%）	1,245 （44.5%）	2,797 （100.0%）
国立大学	416 （29.4%）	784 （55.3%）	217 （15.3%）	1,417 （100.0%）
合　計	634 （15.0%）	2,118 （50.3%）	1,462 （34.7%）	4,214 （100.0%）

出典：Badan Akreditasi Nasional Perguruan Tinggi, "Direktori Hasil Akreditasi Program Studi Tahun 2010 Buku Ⅰ-Buku Ⅹ" により、筆者作成。

私立にも一定数の評価の高い大学が存在

　大学ごとにみた教育プログラムの評価点の分布を見るため、A（361－400）、B（301－360）、C（200－300）の各レベルの中間値として、Aを380点、Bを330点、Cを250点と仮定し、各大学の教育プログラムの平均値をまとめた（表4-2）。

　評価点の最も多い層を見ると、私立大学では271-290点が101大学（25.8％）と最も多いのに対し、国立大学では311-330点の層が17大学（30.9％）と最も多くなっている。

　また、B評価の中間値330点を目安として、331点以上の大学を評価の高い大学と想定すると、私立大学では31大学、国立大学では22大学の合計53大学となっている。評価点の高い大学は私立全体の7.9％にとどまり、国立の40％とは大きな差があるが、私立大学にも一定数の評価の高い大学が存在していることがわかる。

表4-2　大学別のプログラム評価点の現状（2010年12月現在）

評価点	私立大学		国立大学		合　計	
	大学数	構成比(%)	大学数	構成比(%)	大学数	構成比(%)
250	67	17.1	1	1.8	68	15.2
251-270	49	12.5	3	5.5	52	11.7
271-290	101	25.8	3	5.5	104	23.3
291-310	68	17.4	9	16.4	77	17.3
311-330	75	19.2	17	30.9	92	20.6
331-350	19	4.9	11	20.0	30	6.7
351-370	10	2.6	8	14.5	18	4.0
371-400	2	0.5	3	5.5	5	1.1
合　計	391	100.0	55	100.0	446	100.0

出典：同上

2　評価点の高い私立大学の特徴

　評価点の高い（評価点331点以上）、31の私立大学の所在地を見ると、ジャカルタを中心とする首都圏のジャボデタベク首都圏が11大学と最も多く、次いで、スラバヤとジョグジャカルタが5、バンドン4、スマラン3、マラン1、サラティガ1、デンパサール1となっている（表4-3）。一方、国立では、ジャボデタベク、スラバヤ、バンドンが各3大学、ジョグジャカルタ、スマラン、マラン、マナド、パダンが各2大学となっている。

　評価点の高い私立大学の第一の特徴は、ジャボデタベク首都圏を始めとする大都市への集中が目立つことである。佐藤（佐藤2011：46-54）によると、ジャボデタベク首都圏の人口集積は世界的にみても屈指の規模である。一人当たりGDPも全国の2.0倍の水準であり、中間層や高所得層が消費需要を牽引している。ジャカルタなど大都市では、高等教育への需要の高まりとともに、供給側の大学間の学生獲得をめぐる競争も激しくなり、後述するパンチャシラ大学の例のように、一定の経営基盤

を備えて、アクレディテーション向上を経営戦略の柱の一つとして、取組む大学が出現してきている。

第二の特徴としては、宗教系の私立大学が12校に上る。宗教団体を背景とした安定した財政基盤と教育理念を持つ私学が誕生してきている。例えば、中部ジャワ州のサラティガには国立大学は存在しないが、宗教系の私立大学である、サトヤ・ワチャナ・キリスト教大学が高い評価を得ている。

第三に、ジョグジャカルタ、バンドン、スラバヤ、スマラン、マラン、デンパサールのように、私立と国立の双方に評価点の高い大学が存在する例が多い。具体的な影響については実証的な検討を要するが、優れた国立大学の存在は、国立大学教員の非常勤教員や教育研究施設の活用など私学の教育研究の質の向上に直接的に有益だと思われる。また、先に述べたように、長きにわたり国立大学が私学のモデルとして様々な影響を及ぼしてきた歴史も関係しているのではないかと推測される。

表4-3　評価点の高い大学（平均値331点以上）（2010年12月現在）

所在地	私立大学			国立大学	合計
	非宗教系	宗教系	計		
ジャボデタベク	10	1	11	3	14
スラバヤ	3	2	5	3	8
ジョグジャカルタ	2	3	5	2	7
バンドン	3	1	4	3	7
スマラン	1	2	3	2	5
マラン	-	1	1	2	3
マナド	-	-	-	2	2
パダン	-	-	-	2	2
デンパサール	-	1	1	1	2
サラティガ	-	1	1	-	1
スラカルタ	-	-	-	1	1
マカッサル	-	-	-	1	1
バンダ・アチェ	-	-	-	1	1
合計	19	12	31	23	54

出典：同上

3　ジャカルタ特別州の私立高等教育機関の状況

さらに詳しく個別大学の状況を検討するために、ジャカルタ特別州の総合大学を取り上げる。資料として、BAN-PTの「教育プログラム調査結果(Hasil Pencarian Akreditasi Program Studi を用いた。(http://ban-pt.kemdiknas.go.id/hasil-pencarian.php, 2014.1.20)

私立総合大学と国立総合大学（インドネシア大学及びジャカルタ国立大学）の教育プログラムの評価を比較すると表4-4の通りである。私立のプログラムでは、Aが全体の14.5％であるのに対し、国立ではAが53.7％を占める。このように、国立大学の教育プログラム方が私立よりも一般に評価が高くなっている。これは先述の全国の状況と同傾向である。

表4－4　ジャカルタ特別州の総合大学のプログラムのアクレディテーション評価
（2014年1月20日現在）

評　価		A	B	C	合計
私立総合大学	プログラム数	97	376	197	670
	比率（％）	14.5	56.1	29.4	100.0
国立総合大学	プログラム数	95	76	6	177
	比率（％）	53.7	42.9	3.4	100.0

出典：Badan Akreditasi Nasional Perguruan Tinggi, 教育プログラム調査結果（Hasil Pencarian Akreditasi Program Studi（http://ban-pt.kemdiknas.go.id/hasil-pencarian.php, 2014.1.20)」により、筆者作成。

次に、大学ごとにみた教育プログラムの評価点の分布を見るため、A（361－400）、B（301－360）、C（200－300）の各レベルの中間値として、Aを380点、Bを330点、Cを250点と仮定し、各大学のプログラムの平均値が高い大学から順に並べると表4-5の通りである。

国立大学は1位のインドネシア大学と6位のジャカルタ国立大学である。一方、2位にグナダルマ大学、3位にカトリック・インドネシア・アトマジャヤ大学が入るなど、私立大学でも国立に比肩する評価を得てい

る大学があることがわかる。

表4－5　ジャカルタ特別州の総合大学のプログラムのアクレディテーション評価
（2014年1月20日現在）

	総合大学	A	B	C	合計	平均点
1	インドネシア大学	75	29	2	106	363.9
2	グナダルマ	18	9	0	27	363.9
3	カトリック・インドネシア・アトマジャヤ	10	7	0	17	359.4
4	Prof. Dr. モエストポ	4	4	0	8	355.0
5	タルマヌガラ	10	12	1	23	348.3
6	ジャカルタ国立大学	20	47	4	71	339.6
7	ビナ・ヌサンタラ	6	14	2	22	336.3
8	ムルチュ・ブアナ	4	10	2	16	332.5
9	パンチャシラ	5	17	3	25	330.4
10	プルサダ・インドネシア・ヤイ	3	4	2	9	328.9
11	アル・アズハル・インドネシア・ジャカルタ	1	15	1	17	328.2
12	ヤルシ	1	5	1	7	325.7
13	ムハマディーヤ・ジャカルタ	2	27	3	32	325.6
14	トリサクティ	11	18	9	38	325.5
15	クリスチャン・インドネシア	1	17	2	20	324.5
16	ナショナル	6	17	6	29	323.8
17	エサ・ウングル	3	14	4	21	321.9
18	インドラプラスタPGRI	0	14	2	16	320.0
19	プリタ・ハラパン	1	25	6	32	316.6
20	ムハマディーヤ・Prof. Dr. ハムカ	5	19	9	33	315.8
21	サヒド	0	8	2	10	314.0
22	ジャカルタ・ベテラン・国土開発	0	13	5	18	307.8
23	ブンダ・ムリア	1	5	4	10	303.0
24	イスラム・アッシャフィーヤ	1	7	6	14	299.3
25	クリスナドゥウィパヤナ	2	7	7	16	298.8
26	イスラム・アル・タヒリーヤ	0	3	2	5	298.0

27	ブディ・ルフゥル	0	8	6	14	295.7
28	ジャヤバヤ	0	4	3	7	295.7
29	1945年8月17日	0	7	6	13	293.1
30	クリスチャン・クリダ・ワチャナ	0	4	4	8	290.0
31	ダルマ・プルサダ	0	6	7	13	286.9
32	レスパティ・インドネシア	0	4	6	10	282.0
33	MPU タントゥラー	0	4	7	11	279.1
34	サトヤガマ・ジャカルタ	0	3	12	15	266.0
35	ブン・カルノ	0	1	7	8	260.0

出典:同上

第3節　パンチャシラ大学の事例

　以上のように、私立大学においても国立に比肩する評価を収めている大学が存在することがわかったが、こうした私立大学のアクレディテーションへの取組の背景にはどのような事情があるのか。以下では、「パンチャシラ大学史（Badan Penerbit Universitas Panasila 2004：21-100）」に基づき、「パンチャシラ大学」の創設以来2000年代半ばまでの同大学における質保証制度への対応について検討を行う。

1　事例の概要

　1963年、ジャカルタに設立されたパンチャシラ大学の学生数は1980年代当初に2,000名に達し、ジャカルタの従来のキャンパスでは収容が困難となった。その際、大学の運営に当たる法人理事長は授業料収入の確保という経営の観点も踏まえ、学生数を18,000名へと増加させるとの方針を取り、新キャンパスの開発を行ったが、それは、施設・設備の充実にとどまらず、学術分野、管理・財務分野及び学生分野の各分野の大学改革と一体的に実施された。ステータスの向上は、学術分野における第一の課題として取り上げられた。

新キャンパスの開発に伴う、大学改革をリードしたのは、1983年から95年まで学長を務めたアワルディン学長である。学長就任時には「同等」の評価を受けた学部は存在しなかったが、学長退任時にはすべての学部が「同等」のステータスを取得した。すなわち、経済学部は84年、法学部は85年、薬学部は90年にそれぞれ、「認定」から「同等」へ向上した。また、工学部では、建築学科、土木学科及び機械学科は85年に「登録」から「認定」へと向上し、90年に「同等」となった。電気学科は89年に「登録」から「認定」になり、92年に「同等」となった。1985年に新たに開設された会計のプログラムも93年には「同等」のステータスとなった。

　次のスブロト学長（1995年～2004年）の時代に入ると、1997年にBAN-PTによるアクレディテーションが行われ、経済学部の会計プログラム及び法学部がA評価を受け、経済学部の経営プログラム、薬学部、工学部がB評価を受けた。

　こうした評価の向上は、「すべての関係者による大変な努力」で実現した。教員体制の充実、卒業者数の増加、施設・設備の充実について、ステータスの向上を意識した取組が行われた。

　「新しいキャンパスの建設はパンチャシラ大学の歴史においても大変重要な事柄だった。なぜなら、中核的な建物の存在は国民教育省・BAN-PTが授与する、パンチャシラ大学へのステータスやアクレディテーションに大いに影響するからだ」と総括しているように、大学執行部はステータスの向上を優先課題として、全学的に取組み、成果を上げた。

パンチャシラ大学の本部棟（ジャカルタ）

2　考　察

　こうしたステータスの向上への取組は市場化への対応として理解できる。大学はステータス向上への取組の理由として「パンチャシラという重要な名前を有する大学として、パンチャシラ大学は教育界においても一般社会においても最重要の大学でなければならない（Badan Penerbit Universitas Pancasila 2004：73）。」と述べるにとどまるが、新キャンパスの開発と収容学生数の増加という一連の取組から考えると、ステータスの向上が志願者の増加につながり、学生数の確保、そして、大学経営の安定・発展へとつながるという大学の経営戦略上の重要性が大きいと思われる。1980年代から2000年のジャカルタにおいて、高等教育への進学需要が高まるとともに、供給側の大学側の設置も進み、大学間の競争も激しくなる中で、パンチャシラ大学の事例は、経営戦略と一体となった、アクレディテーション向上への取組の事例として理解できる。

　なお、以上のパンチャシラ大学の事例は、資料の制約で2004年までの取組であり、主としてステータスの向上への活動を取り上げた。元高等教育総局長サトリオ氏へのインタビュー[1]においても有力私立大学が学生募集戦略として、アクレディテーションの向上に取り組んでいることは確認できたが、その事例を記述した資料の収集は困難であった。

第4節　小括

　総合大学と専門大学の学士課程の教育プログラムに関するアクレディテーションの結果に基づいて私立と国立を比べた結果、私立大学のプログラムは国立と比べて一般に評価が低いことが明らかになった。

　一方、一定数の私立大学は優れた国立大学に伍して高い評価を得ていることがわかった。そうした評価の高い私立大学の特徴として、①大都市に集中している、②安定した財政基盤と教育理念を持つ、宗教系の私立大学に評価の高い大学が目立つ、③ジョグジャカルタ、バンドン、スラバヤ、スマラン、マランのように国立の有力大学が所在している都市

に存在する例が多いことがわかった。

　ジャカルタの私立大学であるパンチャシラ大学の事例から「ステータス」や「アクレディテーション」結果の向上は私立大学では、学生募集など経営に大きく影響するものと認識され、大都市の私立大学では戦略的にその向上に取り組んでいることがわかった。

注
（1）サトリオ元高等教育総局長へのインタビューは2012年9月6日及び2013年5月20日にジャカルタで実施した。

第5章　私立高等教育の経済的側面に関する考察

　本章では私立高等教育の経済的な側面を考察するため、私立高等教育に必要な費用は誰が負担しているのか（第1節）、学生や保護者はどの程度の費用を負担しているのか（第2節）、そして、私立高等教育機関の財務の実情はどのようになっているのか（第3節）、という視点から考察を行う。

　なお、政府の私立高等教育に関する支出や各私立高等教育機関レベルの財務や経営に関する公開資料が極めて限られる中で考察を行ったことをお断りしておきたい。

第1節　高等教育に必要な費用は誰が負担しているのか

1　教育に対する政府支出の現状

　第3章で見たように、スハルト第2代大統領の統治下の開発計画（レプリタ）に基づく教育開発から今日に至るまでインドネシアでは着実に教育の普及・拡大が進んでいる。2002年の第4次憲法改正では憲法第31条第4項に「国家財政と地方政府財政の少なくとも20％を教育予算にあてること」と新たに規定された。

　しかしながら、教育予算は複数省庁にまたがりその全貌は明らかではない。そこで、国家全体の予算と教育文化省分の2005年から2012年の間の予算の推移を見ると表5-1の通りである。2005年と2012年の予算額を比べると、国家予算全体が3.45倍であるのに対し、教育文化省予算は3.58倍と、国全体の予算の伸びを上回っている。このことから政府が教育支出を重視していることが推測される。

　次に、2012年の教育文化省のプログラムごとの予算を見ると、高等教育が50％を占め、次いで基礎教育25％、中等教育12％の順となっている（図5-1）。このように、教育文化省予算では高等教育の占める割合が高いが、他省庁所管の教育予算も存在することに留意が必要である。

表5-1　国と教育文化省の予算の推移

年	国家 (千ルピア) (A)	教育文化省 (千ルピア) (B)	比率(%) (B)/(A)
2005	380,400,000,000	21,721,878,255	5.71
2006	427,600,000,000	36,755,857,973	8.60
2007	746,500,000,000	44,058,392,664	5.90
2008	781,354,000,000	49,701,004,473	6.36
2009	985,725,300,000	62,485,937,646	6.34
2010	974,819,700,000	63,830,283,679	6.55
2011	1,104,902,000,000	68,191,722,245	6.17
2012	1,311,400,000,000	77,803,389,835	5.93

出典：Ministry of Education and Culture, 2013, "Indonesia Educational Statistics in Brief 2012/2013"に基づき、筆者作成。

図5-1　教育文化省の予算（2012年）

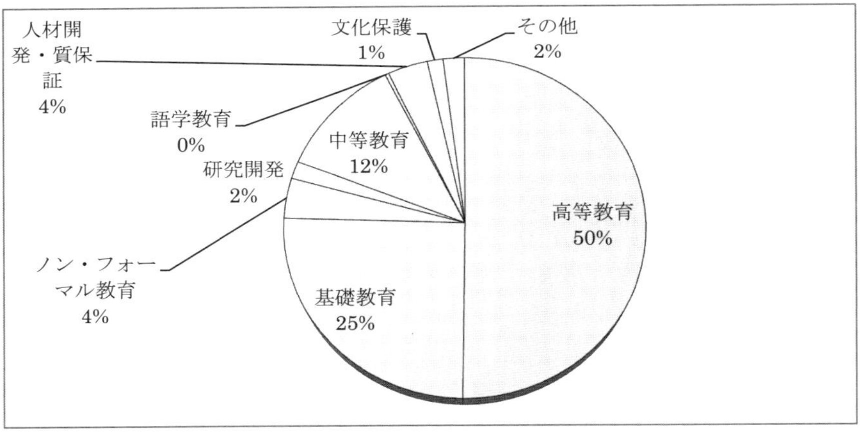

- 人材開発・質保証 4%
- 語学教育 0%
- 研究開発 2%
- ノン・フォーマル教育 4%
- 基礎教育 25%
- 中等教育 12%
- 文化保護 1%
- その他 2%
- 高等教育 50%

出典：同上

2　私立高等教育への国の助成の現状

　政府の私立高等教育機関に対する助成額を把握できる統計資料は公開

されていないが、ヒルらによると私立高等教育機関は極めて少ない公的な資金を受け取るにとどまっており、歳入全体の5％に及ばない（Hill & Thee 2013：166-7）。

国の私立高等教育への主要な支援として、政府雇用の教員が私立の高等教育機関に派遣され、教育に従事するという仕組みがある。つまり、国が教員給与の形で、私立高等教育機関を支援するものである。

教育省高等教育総局によると、2009年時点で、私立高等教育機関の常勤教員は107,534人であるが、このうち、設置者である財団雇用の教員が98,245人（91.4％）、政府雇用の教員が9,289人（8.6％）となっている（Kementerian Pendidikan Nasional, Direktorat Jenderal Pendidikan Tinggi 2009：51）。西野によると1997年時点では、5万人弱が財団雇用、1万人あまりが政府雇用であった（西野2004：108-9）。近年、財団雇用の教員が増加しているのに対し、政府雇用の教員数は減少傾向であることがわかる。サトリオ元高等教育総局長によると、この仕組みで派遣教員を増やすことには政府の財政部局から支持を得られる見込みはなく、今後の増加は望めない。

以上のように、政府の私立高等教育への支出の全貌は明らかではないが、その額が極めて限られていることは明らかである。その結果、私立高等教育にかかる経費の大部分は学生やその保護者が負担しているものと思われる。

第2節　学生や保護者はどの程度の費用を負担しているか

それでは、実際に、私立高等教育機関の学生やその保護者はどの程度の負担をしているのか。教育文化省高等教育総局は、私立高等教育機関の入学金は入学試験の成績によって大幅に異なり、また、入学登録料などは大きな負担となっており、私立の有名校は高額所得者のためにあるという印象を与えていると述べる（Direktorat Jenderal Pendidikan Tinggi：2003：238-9）が、高等教育機関の授業料等に関する統計資料

は近年公開されていない。

したがって、本節では、ジャカルタ特別州の私立高等教育機関の中から、2010年時点において総学生数が小規模、中規模、大規模程度の大学として、ジャヤバヤ大学（3,352人）、パンチャシラ大学（7,855人）及びビナ・ヌサンタラ大学（23,914人）の3大学を取り上げて授業料等の情報を入手し検討した。

1　ジャヤバヤ大学の事例

ジャヤバヤ大学（Universitas Jayabaya）は、21の教育プログラムを擁し、学生総数は3,352人である（2010年）。同大学は1958年に設立されたが、現在、ジャヤバヤ情報コンピュータ経営単科大学（1996年設置）、ジャヤバヤ会計アカデミー（1962年設置）及びジャヤバヤ企業経営アカデミー（1983年設置）が併設されている（Kementerian Pendidikan dan Kebudayaan Direktorat Jenderal Pendidikan Tinggi Koordinasi Perguruan Tinggi Swasta Wilayah Ⅲ, 2012）。

これらの高等教育機関は共同で学生募集に当たっているが、学生納付金を比較すると、総合大学であるジャヤバヤ大学が最も高く、次いで単科大学、アカデミーとなっている（表5-2）。

なお、授業料については、1単位数当たりの単価が設定されている。学士プログラム（S1）の1単位が14万ルピア、ディプロマ3（D3）の1単位が13万ルピアである。ジャヤバヤ大学の経営学科では18単位、同単科大学の情報システムは20単位、同アカデミーは17単位で積算されている。

表5-2で示したように、例えば、大学の経営プログラムのS1（学士課程）では、第1学期納付金が合計で589.5万ルピアとなっている。一方、2013年のジャカルタ特別州の最低賃金は月額220万ルピアである（藤江2014：206）。このように、第1学期の納付金の合計は、最低賃金月額の約2.7倍となっており、学生や保護者にとって相当な経済負担であることがわかる。

表5-2　ジャヤバヤ大学等の学生の第1学期納付金（2013年入学者、単位ルピア）

	教育プログラム	開発協力金	授業料	学生諸経費	合計
大学	経営（S1）	310万	252万	27.5万	589.5万
単科大学	情報システム（S1）	225万	280万	27.5万	532.5万
アカデミー	会計（D3）	150万	221万	27.5万	398.5万

出典：Universitas, Sekolah Tinggi dan Akademi-Akademi Jayabaya, "Rincian Biaya Pendidikan Mahasiswa Baru Tahun Akademik 2013/2014" により筆者作成。

2　パンチャシラ大学の事例

　パンチャシラ大学（Universitas Pancasila）は2010年時点で25教育プログラムを提供し、学生総数は7,855人である（Kementerian Pendidikan dan Kebudayaan Direktorat Jenderal Pendidikan Tinggi Koordinasi Perguruan Tinggi Swasta Wilayah Ⅲ, 2012）。その設立以来の経営の状況については、次節において紹介する。

　同大学から入手した2012年入学者募集の資料（Sekretariat Kampus Universitas Pancasila, 2012）に基づき、学士課程の各学期で18単位、合計8学期で144単位を取得するとして、各学期の納付金を計算すると表5-3の通りである。4年間の合計で、51,287～53,287千ルピアとなる。年間平均では12,822～13,322千ルピアである。

　パンチャシラ大学の第1学期の負担は、9,075～9,575千ルピアとなっており、これは、2013年のジャカルタ特別州の最低賃金である月額220万ルピアの4.1倍～4.4倍に及んでいる。

表5-3　パンチャシラ大学経済学部2013年度入学者の学費（単位：千ルピア）

学期	納付金	金額
I	8,075＋1/4×学部開発協力金（4,000～6,000）	9,075～9,575
II	5,312＋単位数×150＋1/4×学部開発協力金（4,000～6,000）	9,012～9,512
III	5,000＋単位数×150＋1/4×学部開発協力金（4,000～6,000）	8,700～9,200
IV	3,500＋単位数×150＋1/4×学部開発協力金（4,000～6,000）	7,200～7,700
V	2,000＋単位数×150	4,700
VI	1,500＋単位数×150	4,200
VII	1,500＋単位数×150	4,200
VIII	1,500＋単位数×150	4,200
合計		51,287～53,287

注．各学期18単位を取得すると想定して計算した。
出典：Sekretariat Kampus Universitas Pancasila,2013, "Pendaftaran Mahasiswa Baru (PMB)" により筆者作成。

3　ビナ・ヌサンタラ大学の事例

　ビナ・ヌサンタラ大学（Universitas Bina Nusantara）は25の教育プログラムを擁し、学生総数は、23,914人（2010年）という大規模な大学である（Kementerian Pendidikan dan Kebudayaan Direktorat Jenderal Pendidikan Tinggi Koordinasi Perguruan Tinggi Swasta Wilayah III, 2012）。同大学は、1974年に「現代コンピュータ・コース」という、IT分野の教育からスタートし、アカデミー、単科大学を経て総合大学へと発展した大学で、1998年にコンピュータ科学、経済、工学、文学、数学・自然科学の各学部が創設され、2007年には心理学部、通信・マルチメディア学部が設置された（http://binus.ac.id/history/, 2014.3.14）。
　学士課程の経営学科の学生の第1学期の納付金は総額1,220万ルピアでその内訳は、表5-4の通りである。これを2013年のジャカルタ特別州の最低賃金である月額220万ルピアと比べると、約5.5倍に達している。

授業料は1単位当たり25万ルピアで積算されている。学士課程修了のため、8学期在学すると、授業料等が7,100万ルピア、協力金が2,010万ルピアで総額9,110万ルピアとなる（http://binus.ac.id/tuition-fee-undergraduate-programs/，2014.3.18）。

表5−4　ビナ・ヌサンタラ大学経済学部学生の第1学期納付金
　　　　（2014年入学、単位ルピア）

協力金：1学期分	授業料：20単位分	学校行事費	合計
390万	500万	330万	1,220万

出典：Binus University, "Tuition Fee Undergraduate Programs"（http://binus.ac.id/tuition-fee-undergraduate-programs/, 2014.3.18）により、筆者作成。

4　まとめ

　上記3大学の第1学期の納付金は、ジャヤバヤ大学589万5,000ルピア、パンチャシラ大学907万5,000〜957万5,000ルピア、ビナ・ヌサンタラ大学1,220万ルピアとなっており、学生規模が大きな大学ほど、納付金が高額という傾向が明らかである。

　また、ジャヤバヤ大学と併設されているアカデミーや単科大学は総合大学であるジャヤバヤ大学と比べて納付金が低額である。

　以上のように、金額に差はあるが、いずれの大学についても授業料等の学費が相当額に上っている。一方、2013年のジャカルタ特別州の最低賃金は月額220万ルピアにとどまっている。多くの国民にとって、私立高等教育機関への進学は相当な経済的負担を伴うことがわかった。

　ヒルらは2011年の「国民社会経済サーベイ（SUSENAS）」（インドネシア中央統計庁）を用いて、「高等教育を受ける学生の55％は、トップ5分の1の収入を得ている層に属している。最低の5分の1の層からは2.6％にとどまっている。インドネシアの大学において、貧しい者は非常に少数派であることは明らかである（Hill & Thee 2013：168）」としている。

このように、現状では、高等教育を受けることができる者は所得の高い層に偏っているが、第1章で見たように、近年、中間層や富裕層が拡大してきており、さらに、倉沢（倉沢2013：211-40）が指摘する「擬似中間層」の出現もあり、今後とも高等教育への進学者の増加が見込まれる。

第3節　私立大学の財務の状況－パンチャシラ大学の事例

　これまでに政府の私学への助成が限られていること（第1節）、また、私立高等教育機関に通う学生やその親の経済負担が相当程度大きいことが明らかになった（第2節）。それでは、私立高等教育機関の財務状況はどうなっているのか。前章に引き続き、「パンチャシラ大学史（Badan Penerbit Universitas Panasila 2004：21-100）」を用いて、同大学の設立時から2004年に至るまでの経営行動を中心に記述する。

1　設立直後の財務の状況

　パンチャシラ大学が設立された1963年は、スカルノ初代大統領の統治下で経済的には混乱状態であった。学生やその親の経済状態も良好ではなかった。また、パンチャシラ大学の設立の中心を担ったのは、先述のように、国の有力者ではあったが、大学の財務状況は決して恵まれた状況ではなかった。

　大学の施設・設備は極めて不十分で、教室の机や椅子は簡素であった。このような中、63年11月、ジャカルタ中央の第9国立中学校の校舎を借りて、中学校が校舎を使用しない夕方と夜の時間帯を利用した授業が始まった。

　当時の経済的困窮について、大学創設時の職員の一人は次のように語る。「大学の創設期に管理と新入生の受入れを担当した。当時は財政が非常に苦しい時期だったので、大学は職員に給料を支払うことができなかった。私自身も6カ月給料を受け取らなかった。教育に必要な設備さ

え不十分だった。学生から集める授業料では設備を買うための予算が足りないと考えられていた。教員に給与を支払うためのお金は特に足りなかった。」

2　運営経費の確保が課題

　合併後のパンチャシラ大学の初代学長アミル・モルトノ氏（1966年～78年）は、学長を支えるスタッフ、財務、施設・設備が不十分な中で経営に大変苦労した。1971年に制定された財団の業務方法書（Anggaran Rumah Tangga Yayasan）では、学部が財務に関する自治を有するとされ、授業料は先ず学部に歳入として入り、そのうち10％を大学の運用や開発に当てる経費として大学本部に拠出することになっていた。学長など大学執行部は、学部から拠出された限られた予算を財団の承認を得た上で使うことができるだけであった。

　一方、財団自体も財産がなく、大学のため財源を確保することができなかったので、毎月の運営経費を確保するために財団の理事に対し、各自の負担能力に応じた寄付を要請する状況であった。

　1979年に第二代学長となったスナルト・プラウィロスジャント氏も前任者と同様に財務上の問題に直面した。大学の歳入不足の結果、大学には借金が存在していた。依然として各学部が財務上の自治を握っており、大学全体としての財務上の問題に対処することは不可能であった。

3　新キャンパスの開発

　1980年代に入ると、学生数が2,000名に達し、ジャカルタ中央のボロブドゥール通りにあった、当時のキャンパスでは手狭となった。対応を迫られた財団理事会は、1984年、授業料収入の確保という経営の観点も踏まえ、学生数を18,000名へと増加させるとの方針を取り、新キャンパスの開発を決めた。資金は、商業銀行からの借入で手当てし、1986年、南ジャカルタに11万1,255平方メートルのキャンパスの開発が開始された。なお、キャンパスの移転場所は国立のインドネシア大学の教員を非

常勤として活用することが容易なように、インドネシア大学近くを選択した。

新キャンパスの開設によって、学生数は順調に伸び、1999年に14,693人のピークを迎えたが、その後数年間で大きく減少した（表5-5）。この学生数の減少について、1995年から2004年の間、学長を務めたスブロト氏は、学生数の減少は他の私立大学にも起こっているとして、その理由の第一は国立大学の法人化の動きの中で国立大学が自主財源を求めてエクステンション・プログラムなど従来私立大学が中心となって実施してきた分野に進出していること、第二に予算の十分な新たな私立大学が設立され、既設の私立大学が学生を奪われていることを上げる。

表5-5　パンチャシラ大学の学生数の推移（1995年度～2003年度）

学部等	修士 （経営）	薬学	経済学	農学	法学	工学	合計
1995	-	-	7212	1055	1751	3364	13,382
1996	156	101	7446	924	1650	3692	13,969
1997	132	98	7164	959	1550	3539	13,442
1998	132	73	6860	934	1390	3210	12,599
1999	200	73	7902	1101	1841	3576	14,693
2000	165	315	6274	1298	2209	3209	13,470
2001	465	176	4041	1062	1918	2421	10,083
2002	465	135	4150	1175	2014	2187	10,126
2003	400	54	2952	981	1777	1866	8,030

出典：Badan Penerbit Universitas Pancasila , "Sejarah Universitas Pancasila 2004" により、筆者作成。

4　財務・管理の改善

先述のように、1971年に制定された財団の業務方法書では、予算は学部の自治に委ねられ、大学執行部の予算の執行の権限制約下にあった

が、1984年から授業料等を各学部ではなく、大学で一本化して収入として計上し、その使い道も大学執行部による調整会議で決めるようになった。

また、評議会、学部評議会など大学内の組織の位置づけについても、1989年の旧「国民教育制度法（1989年法律 第2号）」とそれに続く、1990年の「高等教育に関する政令（1990年法律 第30号）」の制定を契機に、明確に、法令に準拠した形で整理がなされた。

5　まとめ

パンチャシラ大学は、当時の国家の有力者が中心となって設置した大学にもかかわらず、財源の確保が設立当時から最大の課題だったことがわかった。設立時から80年代にかけて、歴代の学長など大学関係者が寄付などに奔走して大学の運営費を確保した。

財務状況を好転させるため、新キャンパスの開発と学生定員を2千人から1万8千人に増加させることに踏み切った。キャンパス開発の経費は、設置者である財団が銀行からの借入金で賄った。大学の財政状況に余裕はなく、また、国の支援が存在しないことがわかる。

新キャンパスの開設の結果、学生数は増加したが、1999年の14,693人をピークとして、2003年には8,030人に減少した。学生数減少の背景には、法人化による国立大学の学生募集の拡大や他の新設私立大学との競争の激化などが存在する。

さらに、学内の運営の点では、設立から80年代に至るまで、学部の自治が尊重される中で、学長はじめとする大学執行部が財務上の権限を十分に持てなかった。また、大学内の組織の位置づけも、89年の旧国民教育制度法などの関係法令の制定までは明確ではなかった。

第4節　小　括

　政府の教育予算全体は明らかではないが、その一部をなす教育文化省予算は着実に増加している。また、私立高等教育に関する国の主要な助成は私立高等教育機関への政府雇用の教員派遣であるが、その数は限られている。したがって、私立高等教育に関する費用の相当部分は学生や保護者が担っていることがわかった。

　具体的な学生や保護者の負担額を明らかにするために、首都ジャカルタに位置する、ジャヤバヤ大学、パンチャシラ大学及びビナ・ヌサンタラ大学を取り上げて検討したところ、私立大学の授業料等は一般家庭にとって相当な経済負担となることがわかった。また、規模が大きく、威信の高い私立大学ほど授業料等の納付金が高額である。

　パンチャシラ大学の事例を検討したところ、運営費の確保が課題となっており、新たなキャンパスや施設設備など長期的な視点に立った投資の財源を得ることは極めて困難であることがわかった。また、国立大学や新設の私立大学との競争的な環境の中、学生増による経営基盤の充実も厳しい。

コラム1　インドネシアとの出会い

その1　西野先生

インドネシアとの出会いを振り返ると西野文雄先生の想い出につながる。1994年9月、JICAの「インドネシア高等教育開発計画（HEDS）プロジェクト」の評価団の一員として筆者は文部省から参加した。この評価団の総括が西野先生で、団員はスマトラ島やカリマンタン島の大学現場を訪れ、その後、ジャカルタ近郊の避暑地プンチャック峠に合宿し報告書を作成した。

評価団は日本とインドネシアの大学教員などから構成され、朝夕は冷え込むプンチャックで朝から晩まで議論し、修正作業を行った。西野先生のリードは巧みで1週間ほどで報告書が完成した。当時の先生は東京大学工学部教授として学界にとどまらず、政府や民間で幅広く活躍され、工学系高等教育の国際協力の日本の第一人者でもあった。妥協を許さない厳しい姿勢で望まれるとともに、若手や裏方には優しいねぎらいの言葉をかけられた。国際協力の現場が初体験の筆者にも温かい声をかけていただいた。

西野先生とは2度目にインドネシアを訪れた際もご一緒した。1998年12月、スハルト体制の崩壊直後のことである。ジャカルタの空港は閑散として中心街ではデモが行われていた。筆者はJICA基礎調査部に出向しており、ASEAN各国と日本の大学の工学系ネットワーク形成の可能性を探る調査を行っていた。西野先生とご一緒にタイ、インドネシア、シンガポール、フィリピンを訪れた。現地の政府や大学との協議の合間に先生から「途上国にも日本と同じぐらいの数の優秀な人たちがいることを忘れてはいけないよ」と言われたことを覚えている。当時はアジア通貨危機の直後、東南アジア諸国は自信を失っていた時である。日本側には協議相手を見下す雰囲気があったかもしれない。先生は相手を尊敬・尊重しながら対等の立場に立って主張すべきは主張するという見事な対応のお手本を協議の現場で示されていた。

バンコクのアジア工科大学副学長などを歴任された先生は訪れる各地に幅広い人脈をお持ちであった。東大工学部での先生の教え子として、インドネシア訪問時に紹介されたのが当時ユネスコのインドネシア事務所次長の青島泰之さんである。

その2　IABEE設立プロジェクト

　筆者は2010年にインドネシア教育文化省の高等教育政策アドバイザー（JICA専門家）としてインドネシアに赴任したが、青島さんとは思いがけない再会があった。11年初頭、インドネシアの関係者との間で「インドネシアエンジニアリング教育認定機構（IABEE）」設立のアイデアが浮上した。日本で技術者教育の認定を実施するのはJABEE（日本技術者教育認定機構）である。情報収集のために、同年7月にJABEEの木村孟会長（当時）をお訪ねしたところ、その場で10数年ぶりに青島さんにお会いしたのである。青島さんはユネスコ中国事務所長をつとめられた後帰国されJABEEの専務理事・事務局長に就任されていた。

　その後、青島さんは2013年10月から「インドネシア工学教育認証機関（IABEE）設立支援アドバイザー（JICA専門家）」として、IABEE設立準備委員会の立ち上げを支援し、2014年11月から「インドネシアエンジニアリング教育認定機構（IABEE）設立プロジェクト」が開始された。

　西野先生との出会いがなければ国際協力の現場で働くことに興味を持ち、サウジアラビアやインドネシアでJICA専門家を務めるという進路はなかったと思う。また、筆者が準備段階に関わったIABEE設立への協力に青島さんが中心的な役割を担われていることにも不思議な縁を感じるのである。

ボゴール農科大学ヘリー学長（右から4人目）に説明する、青島JABEE専務理事（右から3人目）

第Ⅱ部
私立高等教育の発展の仕組みと特徴に関する考察

ムハマディーヤ・マラン大学。中部ジャワ州マランに位置するイスラーム系の私立大学。

第6章　私立高等教育機関の設置の仕組みと特徴

　本章では政府の設置認可行政が私立高等教育の発展にどのような影響を及ぼしてきたのかという視点を持って、設置行政について検討する。

　インドネシアにおいては、1961年の「高等教育機関法（1961年法律第22号）」の制定により、高等教育の法的な基礎が整備され、同法により、私立高等教育機関の設置認可も開始された。

　本章では、先ず、私立高等教育機関の設置認可制度の歴史的変遷をたどり（第1節）、次いで、高等教育機関法における設置認可（第2節）と現在の設置認可の仕組み（第3節）について検討する。

第1節　私立高等教育機関の設置認可制度の歴史的変遷

1　私立高等教育の法的な確立

　独立戦争の最中の1946年にインドネシアで初の私立総合大学としてインドネシア・イスラーム大学が中部ジャワのジョグジャカルタに創設され、次いで、1949年にジャカルタにナショナル大学が設置された。その後も徐々に私立大学が設置されたが、私立大学卒業生が学士号を取得するための要件が明らかではなかったので、1959年に「私立高等教育機関の学生に対する学位授与のための国家試験に関する政令（1959年政令第23号）」が定められ、一定の要件を満たす私立大学生は各大学の修了試験に合格した上で教育文化省が実施する国家試験に合格することにより、学士号を取得できるとされた。

　このように、私立大学の創設という事実は積み重なってきたが、法的に高等教育機関が明確に位置づけられたのは、1961年の「高等教育機関法（1961年法律　第22号）」の成立による。この法律により、私立高等教育機関は「登録された機関」、「認定された機関」、「同等とされた機関」の3段階のステータスを与えられたが、最高の「同等」レベルは、国立機関と同等という意味で、国立をモデルとした仕組みであった。その

後、65年11月の「私立高等教育機関の設置に関する大統領令（1965年第15号）」により、設置手続きが明確化され、私立高等教育機関の拡大の基盤が整い、1965年には、全国で200以上の高等教育機関が存在した（Direktorat Jenderal Pendidikan Tinggi 2003：117）。

2　旧「国民教育制度法」の成立と関係政令の制定

1980年代の初めには私立高等教育機関の在学者数が国立機関を上回るなど私立高等教育の拡大が進む中、1989年に旧「国民教育制度法（1989年法律第2号）」が成立した。この法律は宗教省管轄のイスラーム系の学校も含めた国民教育制度の包括的な法律であり、高等教育についても従来の高等教育機関法に替わる基本法と位置づけられた。その実施の詳細について定めるため、1990年に「高等教育に関する政令（1990年政令第30号）」が制定された。その後、1999年に「高等教育に関する政令（1999年政令 第60号）」が定められたが、この政令は2000年以降に進む、国立大学の法人化への方向性を明らかにした。その後、高等教育機関の設置や転換の条件や手続きなどについて詳細に規定するため、「高等教育機関の設立指針に関する国民教育大臣決定（第234号/U/2000）」が定められた。

2003年には、新しい「国民教育制度法（2003年法律 第20号）」が成立したが、同法においても高等教育に関して直接定めているのは第19条から第25条の7カ条にとどまり、詳細については、引き続き、1999年の「高等教育に関する政令（1999年政令 第60号）」が適用されている。

3　「ステータス」から「アクレディテーション」へ

1961年の「高等教育機関法」では3段階のステータス付与の仕組みによって私立高等教育機関の質の保証を図るという考え方がとられ、この仕組みは、旧「国民教育制度法」の下でも継続された。しかし、第3章で述べたように、1990年代後半からBAN-PTによるアクレディテーションが始まり、「ステータス」はBAN-PTによる「アクレディテーショ

ン」に徐々にとって替わられた。2000年前後には、教育文化省による設置認可とBAN-PTによるアクレディテーションの二元的な評価へと変貌を遂げた。

　インドネシアには、私立学校について、その設置者たる学校法人の組織等について規定した日本の「私立学校法」のような法律はないが、2001年に「財団法（2001年法律 第16号）」が制定され、その後は、財団としての要件を満たすことが必要となった。

表６−１　私立高等教育機関の設置に関係する法令の制定状況

年	法　令　名
1961	高等教育機関法（1961年法律 第22号）
1965	私立高等教育機関の設置に関する大統領令（1965年 第15号）
1989	国民教育制度法（1989年法律 第2号）
1990	高等教育に関する政令（1990年政令 第30号）
1999	高等教育に関する政令（1999年政令 第60号）
2000	高等教育機関の設立指針に関する国民教育大臣決定（第234号/U/2000）
2001	財団法（2001年法律 第16号）
2003	国民教育制度法（2003年法律 第20号）

第２節　「高等教育機関法」による私立高等教育機関の設置認可

1　高等教育機関の種類

　高等教育機関を設置できるのは、高等教育機関法第3条において、政府または民間法人と規定された。そして、高等教育機関の種類は、総合大学、専門大学、単科大学、アカデミー、その他政令で定めた機関とされた（同法 第6条）。

　総合大学は少なくとも宗教・精神、文化、社会及び理工の4つの学部群にわたって学部を設置することとされ、各学部群に属する学部名が示

された(表6-2)。さらに、総合大学の設置時において、自然科学、数学、生物学から2学部以上を含む3学部からなることが条件とされた(同法 第7条)。

これに対し、専門大学は幾つかの学問分野の高等教育と研究の実施、単科大学は一つの学問分野の高等教育と研究の実施、アカデミーは専門技術を身に付けるための高等教育の実施を行うと簡潔に定義されている(同法 第8条)。

このように総合大学について他の学校種よりも詳しく法律で定めたのは、当時、政府が総合大学の設置に力を入れたことを示していると思われる。

以上の学校種に加えて、「ポリテクニックはスイスの援助で1980年代初めにバンドン工科大学内に設置されたのが最初である。その後、ポリテクニックの数は海外からの援助・借款によって増加した。アカデミックな理論面に傾斜し実践的な部分が弱い工学教育を是正するためにポリテクニックは、設けられた。」(西野2004:103)。

表6－2　高等教育機関法第7条の規定する学部一覧

学部群	学　　部
宗教・精神	宗教学部、精神学部
文　化	言語学部、歴史学部、教育学部、哲学部
社　会	法学部、経済学部、政治社会学部、行政・経営学部
理　工	健康学部、医学部、歯学部、薬学部、獣医学部、農学部、数学・自然学部、工学部、地質学部、海洋学部

出典:「高等教育機関法(1961年法律 第22号)」により、筆者作成。

2　国立機関をモデルにした「ステータス」の付与

高等教育機関法では、私立高等教育機関は「登録された機関」、「認定された機関」、「同等とされた機関」の3段階のステータスに分けられた

（同法 第25条）。最もレベルの高い「同等」とは、国立大学と同等という意味で、国立機関が私立のモデルという考え方がとられた。

「登録された機関」の場合は、機関自身は学士取得のための修了試験を実施することができず、当該機関の学生は、教育文化省が実施する国家試験を受験し、合格しなければ学士号を取得することができなかった。「認定された機関」は、大臣の指導・監督の下で、自身で試験を実施することができるとされ、さらに、「同等とされた機関」は国立大学と同じく、自身で修了試験を実施できる。上位のステータスになるためには、当該高等教育機関の申し出に基づき、大臣が判定し、「登録」から「認定」へ、さらには、「認定」から「同等」へと上位のステータスを与えることができる（同法 第27条）。

以上のように、私立高等教育機関の設置は、「登録」のステータスを獲得することに始まる。私立高等教育機関の設置者は、少なくとも事業開始の6ヶ月前までに、運営法人の設立証明書、定款、高等教育機関の運営に充当される財産や収入源、授業計画、教育に当たる教員の情報、を添付して、申請することが必要であった。さらに、高等教育機関がパンチャシラとインドネシアの政治マニフェストに従うことも求められた（同法 第23条）。これは、当時のスカルノ初代大統領の政治方針を反映したものであった。

以上の条件を満たして登録した大学は、「登録された機関」というステータスが与えられ、その学生は、先述のように、国家試験の受験が許された（同法 第26条）。

教育文化省は私立高等教育機関の増加に対応して、私立高等教育機関調整部（KOPERTIS）を全国に設置したが、これが、私立高等教育機関の設置に関する調整を担ってきた。西野によるとKOPERTISは設置に関して厳しい基準を課して質を保証する方向ではなく、量的拡大を優先した。調整区域内の高等教育のニーズに対して国立の機関で対応できない分野であれば、私立高等教育機関や教育プログラムの新設は簡単に認められた。ステータスは高等教育総局の評価結果に基づき、教育大臣

によって与えられたが、各大学は毎年、年次報告を提出しなければならず、その評価次第で警告やステータスの引き下げが行われた。（西野2004：107-8）

3　パンチャシラ大学の事例

それでは、高等教育機関法に基づく、私立大学の設置認可は実際にどのように運用されていたのか。私立大学の設置に関する実態を把握できる資料は限られているが、以下では、ジャカルタに創設された私立総合大学である、パンチャシラ大学の事例を取り上げる。

パンチャシラ大学は、1963年に経済学部、法学部、社会・政治学部、工学部の4学部を設置し、翌64年に、薬学部と地理学部が続いた。設置に関して、1964年7月14日付けの高等教育機関・科学大臣令（90B/SWT/P04）で6学部として認可されている（Badan Penerbit Universitas Pancasila 2004：25-6）。

1963年の登録時について「高等教育機関を開設するための登録の条件はたいへん簡単なものだった。カリキュラム、教育に当たる教員の名前、キャンパスの場所に関するデータを添付するだけで、高等教育機関・科学省の事務所で簡単に終了した」と述べている。また、新入生の募集は62年に始めており、実際の新入学は63年度に受け付けている。

以上のことから、登録による大学の開設要件が比較的緩やかであり、また、設置認可の許可以前から学生募集が行われるという実態だったことがわかる。

一方、第4章で述べたように、ステータスを上げるためにパンチャシラ大学では全学部で取り組んで実績を上げた。教育文化省は設置認可については、「登録された機関」となるためのハードルは高くせず、その後のステータスの付与によって高等教育の質の確保を考えていたと思われる。

第3節　私立高等教育機関の設置認可の仕組み

　1989年に旧「国民教育制度法」が成立し、同法が私立高等教育の基本法となった。さらに、私立高等教育機関の設置認可に関する主要な規定として、高等教育に関する政令（1999年政令　第60号）、高等教育機関の設立指針に関する国民教育大臣決定（第234号/U/2000）、財団法（2001年法律　第16号）が制定され、今日の私立高等教育機関の設置認可の仕組みを規定している。

1　私立高等教育機関の設置の仕組み
高等教育機関の設置
　「高等教育機関の設立指針に関する国民教育大臣決定（第234号/U/2000）」（以下、決定という。）の第2条において、高等教育機関として、アカデミー、ポリテクニック、単科大学、専門大学、総合大学の学校種が示され、それぞれが実施する教育プログラムの最低基準について定めている。従来の考え方と変更はないと思われるが、各学校種について要件を明確化している（表6-3）。
　アカデミーとポリテクニックは職業教育プログラムの実施に限られており、アカデミーはディプロマ1（D1）～ディプロマ3（D3）から1以上の教育プログラムを実施し、ポリテクニックはD1～D4から3以上の教育プログラムを実施する。
　一方、単科大学、専門大学及び総合大学は、学問的教育に加えて、職業教育のプログラムの実施も許されている。
　単科大学はD1～D4から1以上の教育プログラム及びS1（学士課程）～S3（博士課程）から1以上の教育プログラム、専門大学は科学、技術及び芸術の3分野から選択した6以上の教育プログラムから成り、条件を満たせばS2（修士課程）、S3（博士課程）のプログラムを実施する。総合大学は少なくとも自然科学の3専門分野以上、社会科学の2分野以上から選ばれた、10以上の教育プログラムからなり、条件を満たせばS

2（修士課程）、S3（博士課程）のプログラムを実施する。

表6-3 教育プログラムの最低条件

	アカデミー	ポリテクニック	単科大学	専門大学	総合大学	
					理系	文系
ディプロマ課程	1	3	1	-	-	-
学士課程	-	-	1	6	6	4

出典：「高等教育機関の設立指針に関する国民教育大臣決定（第234号/U/2000）」

設置及び形態の変更の条件

決定第3条において、高等教育機関が他の形態になること、2つ以上の形態の高等教育機関が合併することなどを、高等教育機関の形態の変更と定義している。

高等教育機関の設置や形態の変更を行うためには、以下の9つの条件がある。すなわち、開発基本計画、教育課程、教員、入学予定者、基本予算計画、学内倫理規定、財源、校地・施設設備、管理者である。その主なものを以下に概説する。

①開発基本計画

開発基本計画は、実現可能性調査に基づいて策定される最低5か年の開発の基本指針であり、教育研究関連では、活動プログラム、管理運営組織、人的資源、教育設備、連携協力、研究及び社会貢献プログラム、さらに、職員管理、校地、予算、教育研究分野の目標やキャンパス開発計画を含むものとされた（決定 第5条）。また、実現可能性調査は、当該高等教育機関の設立の目的から、その教育研究分野、受け入れ可能学生数、卒業生の専門分野の社会的需要、施設設備、予算等を幅広く対象とするものとされている（決定 第6条）。

②教員・入学予定者

教員については、開校時において、教育プログラムごとに最低6人の常勤講師が必要とされている（決定 第8条）。また、ディプロマ課

程と学士課程の各教育プログラムの最小入学定員は30人とした。最大入学定員は常勤教員対学生比率に応じて決め、文系は1対30、理系は1対20と定めた（決定 第10条）。

③校地・施設設備

高等教育機関を設置する校地は自らの所有地、あるいは、最短20年間の契約の借地でなければならない。また、施設設備としては少なくとも以下のものが必要とされている。講義室として、学生1人当たり0.5㎡、常勤教員室として、教員1人当たり4㎡、事務室として、1人当たり4㎡、さらに、図書館の蔵書や実験室・コンピュータ室について規定されている（決定 第12条）。そして、学校種ごとに最低条件として表6-4のように定められている。

表6-4　施設設備の最低条件（㎡）

施設設備	アカデミー	ポリテクニック	単科大学	専門大学	総合大学
講義室	100	300	200	600	1,000
事務室	20	40	30	60	80
図書室	150	300	200	450	600
コンピュータ室	180	360	270	540	720
実験室	200	400	300	600	800
常勤教員室	30	90	60	180	300
校地	5,000	5,000	5,000	8,000	10,000

出典：「高等教育機関の設立指針に関する国民教育大臣決定（第234号/U/2000）」

私立高等教育機関の設立に求められる条件

これまで述べてきた条件は、国立の機関にも私立の機関にも共通に求められる条件である。このほか、私立高等教育機関の設立の際に求められる条件として、第一に、私立高等教育機関管理運営団体の所在地を管轄する裁判所への登録が必要である。第二に、アカデミー及びポリテクニックについては4年間の教育プログラム、単科大学、専門大学及び総合大学については6年間の教育プログラムの実施をそれぞれ可能とする

資金の調達を保証しなければならない。

2　設置の手続き

　高等教育機関の設置の手続きとしては、①設置申請書の提出、②審査、③設置承認の協議、④承認、⑤設置決定、⑥定款の決定、というプロセスとなる（決定　第19条）。設立発起人による申請は、教育文化省高等教育総局長に提出する。

　申請を受けた高等教育総局長は、①高等教育機関の設置の条件への合致、②自然科学及びその応用を推進する観点からの科学、技術及び芸術の分野群の発展と均衡、③既存高等教育機関数や教育プログラム数、機関の分布状況や地域の財政状況等を審査した上で、6カ月以内に、承認または不承認の審査結果を通知する。

　設立発起人は、設立可能との審査結果を得たときは、3年以内に、設立の条件を満たした上で、設立承認に関する申請を提出する。私立高等教育機関の場合は、①運営資金に関する銀行の証明及びその他の証拠、②私立高等教育機関運営団体の設立証明書、③私立高等教育機関の定款、④私立高等教育機関管理運営団体の理事者の非犯罪歴証明書、⑤校地及び施設設備の所有又は借用に関する証明書又は契約書、を添付の上、総局長を経由して教育文化大臣に提出する（決定　第22条）。

　以上の申請に基づき、総局長は大臣の名において、私立高等教育機関の設立に関し、承認又は拒否をする（決定　第23条）。私立高等教育機関の設立の決定がなされた場合、私立高等教育機関管理運営団体は、評議会の提案に基づき、定款を決定する（決定　第25条）。定款の決定をもって、当該高等教育機関は活動を開始する（決定　第26条）。

　上記のような手続きを行政側で担当したのは私立高等教育機関調整部であるが、西野によると、国民の進学需要に応えて私学高等教育の拡大を図るという政府の方針の下で、私立高等教育機関調整部の設置審査は、質の保証よりも量的拡大を優先するものであり、国立では対応でき

ない高等教育ニーズがあれば、私立高等教育機関及びプログラムの新設は簡単に認められた（西野 2004: 107-8）。

第4節　小　括

　1961年の高等教育機関法により始まった設置認可制度は、「登録」、「認定」、「同等」という国立大学をモデルとした仕組みであり、初めの「登録」段階は比較的容易であった。この仕組みは、新たな高等教育質保証制度の導入により、国による設置認可とBAN-PTによるアクレディテーションの二元的な評価の仕組みへと変貌を遂げるが、高等教育機関の設置が比較的容易に認められる状況は継続した。

　このほか、インドネシアでは、高等教育の学校種ごとに教育プログラム等の要件が定められ、アカデミーや単科大学は1教育プログラムという小規模から開設できることが、高等教育機関の設置への参入を容易にしている。

　また、アカデミーは職業教育プログラムの提供に限るが、単科大学、専門大学、総合大学は、学士、修士及び博士の課程に加えて職業教育プログラムの提供も認められている。このため、転換を目指すアカデミーは従来の職業教育プログラムを閉鎖する必要はなく、単科大学、専門大学、総合大学などへ発展することができる。このことは、アカデミーが上位の学校種へ転換する場合に有利に働いたものと思われる。

第7章　ジャカルタ特別州の私立アカデミー及びポリテクニックの発展に関する考察

　本章では、ジャカルタ特別州において職業教育プログラムを実施する高等教育機関であるアカデミーとポリテクニックの学生数の変化や機関の設置・転換に着目して考察を行う。先ず、考察のための資料とジャカルタ特別州の概況について述べ（第1節）、続いて、私立アカデミーの動向（第2節）及び私立ポリテクニックの動向（第3節）について検討する。

第1節　考察の対象

1　考察のための資料

　本章と次章（第8章）では、1998年度、2004年度及び2010年度のジャカルタ特別州の各私立高等教育機関の設置者及び学生数等の状況を検討して分析を行う。

　そのために用いた資料は、①教育文化省高等教育総局私立高等教育機関局（Direktorat Perguruan Tinggi Swasta, Direktorat Jenderal Pendidikan Tinggi, Departemen Pendidikan dan Kebudayaan）作成のインドネシア私立高等教育機関一覧1998/1999年（DIREKTORI Perguruan Tinggi Swasta di Indonesia 1998/1999）、②国民教育省高等教育総局（Direktorat Jenderal Pendidikan Tinggi, Departemen Pendidikan Nasional）作成のインドネシア私立高等教育機関一覧2006年（DIREKTORI Perguruan Tinggi Swasta di Indonesia 2006）、③教育文化省高等教育総局私立高等教育機関調整事務所Ⅲ（Kopertis Perguruan Tinggi Swasta Wilayah Ⅲ, Direktorat Jenderal Pendidikan Tinggi, Kementerian Pendidikan dan Kebudayaan）作成の私立高等教育機関調整事務所Ⅲジャカルタ私立高等教育機関一覧 2012年（DIREKTORI 2012-Perguruan Tinggi Swasta Kopertis Wilayah Ⅲ Jakarta）の3点である。

2　ジャカルタ特別州の概況

インドネシアの首都ジャカルタ特別州は人口960万7,787人（2010年）であり、全人口の4.0％に当たる。また、経済的には、ジャカルタの一人当たり名目GDPは7,900ドル（2009年）で全国33州平均の4.1倍と飛び抜けて高い（佐藤2011:47）。

ジャカルタ特別州の私立高等教育機関の学生数は54万6,940人であり、全国の私立機関の学生の18.4％を占める（表7−1）。学校種ごとに見ると、アカデミー27.5％、総合大学では20.6％と高くなっている。以上のように、ジャカルタ特別州は全国33州の中で最も発展した私立高等教育機関を有する地域であり、その動向は、インドネシア全国の将来を占うと言ってよい。

表7−1　私立高等教育機関の学生数（2010/2011年）

	総合大学	専門大学	単科大学	アカデミー	ポリテクニック	合　計
全国	1,602,572	129,620	909,408	269,693	63,855	2,975,148
ジャカルタ特別州	330,577	16,143	117,307	74,052	8,861	546,940
ジャカルタの比率(%)	20.6	12.5	12.9	27.5	13.9	18.4

出典：Ministry of Education and Culture, 2011, "Indonesia Educational Statistics in Brief 2010/2011" により、筆者作成。

第2節　私立アカデミーの発展の動向

1　学校数と学生数の推移

学校数と学生数はともに増加

ジャカルタ特別州の私立アカデミーについて、1998年度から2010年度の12年間の推移を見ると、学校数、学生数ともに増加している（表7-2）。

学校数については、1998年度86、2004年度121、2010年度125となっており、98年度から10年度の12年間で45.3％の増加である。また、学生

数は、1998年度42,126人、2004年度47,564人、2010年度55,290人であり、98年度から10年度の12年間で、31.2％の増加である。

分野ごとの推移

次に、1998年度から2010年度の12年間の分野ごとの推移を見てみよう。学校数では、増加したのは、看護24、助産19、薬剤4、歯科2、眼科2、保健・衛生（栄養、放射線、病院事務等）6である。特に、2004年度以降に、看護、助産、薬剤、保健・衛生などの分野の増加が目立っている。一方、98年度から10年度の12年間で減少したのは、経営・管理分野6、銀行事務4、会計3、技術3、その他3、外国語2、情報管理2である。

分野ごとの学生数の推移を見ると、98年度から10年度の12年間で最も増加したのは、情報分野の28,239人で、次いで、看護3,031人、助産2,668人、広報・宣伝1,981人の順である。これは、情報化、経済のサービス化、保健や医療へのニーズの高まりなどの社会の変化を反映しているものと考えられる。一方、最も大きく減ったのは、会計分野で5,081人の減少、次いで、外国語4,608人、金融・銀行3,675人、観光3,270人、秘書2,695人の減少となっている。

以上のように、アカデミーの学校数や学生数は、社会の教育ニーズの変化に迅速に対応して変化していることがわかった。なお、情報分野では、学生数が大きく増加する一方、その学校数は、98年度の8校から10年度の6校へと減少した。これは、情報分野の学生数の増加が、1998年度の4,139人から2010年度の32,365人へと大きく学生数を伸ばした「ビナ・サラナ情報管理・コンピュータ・アカデミー」によるところが大きいからである。

表7−2 ジャカルタ特別州の私立アカデミーの学校数と学生数の推移

分野別	1998年度		2004年度		2010年度		増減 98〜10年度	
	学校数	学生数	学校数	学生数	学校数	学生数	学校数	学生数
秘　　　書	10	8078	17	5656	11	5383	1	-2695
外　国　語	8	6172	11	2880	6	1564	-2	-4608
会　　　計	9	5658	9	2190	6	577	-3	-5081
観　　　光	14	5545	17	2638	18	2275	4	-3270
情報管理	8	5225	9	26538	6	33464	-2	28239
銀行事務	7	3797	7	895	3	122	-4	-3675
技　　　術	9	2098	9	1149	6	577	-3	-1521
経営・管理	8	1726	10	1136	2	780	-6	-946
海　　　運	4	1567	5	535	3	1146	-1	-421
看　　　護	2	821	3	313	26	3852	24	3031
広報・宣伝	3	330	5	1747	4	2311	1	1981
そ の 他	4	1109	4	394	1	79	-3	-1030
助　　　産	0	0	14	1383	19	2668	19	2668
薬　　　剤	0	0	0	0	4	253	4	253
歯　　　科	0	0	0	0	2	26	2	26
眼　　　科	0	0	0	0	2	71	2	71
保健・衛生	0	0	1	110	6	142	6	142
合　　　計	86	42,126	121	47,564	125	55,290	39	13164

出典：Direktorat Perguruan Tinggi Swasta, Direktorat Jenderal Pendidikan Tinggi, Departemen Pendidikan dan Kebudayaan, "DIREKTORI-Perguruan Tinggi Swasta Indonesia 1998/1999"、Direktorat Jenderal Pendidikan Tinggi, Departemen Pendidikan Nasional, 2006, "DIREKTORI-Perguruan Tinggi Swasta di Indonesia" 及びKopertis Perguruan Tinggi Swasta Wilayah Ⅲ, Direktorat Jenderal Pendidikan Tinggi, Kementerian Pendidikan dan Kebudayaan, "DIREKTORI 2012-Perguruan Tinggi Swasta Kopertis Wilayah Ⅲ Jakarta" により、筆者作成。

2 開校と閉校の動向

以上のように、アカデミーが社会の教育ニーズの変化に迅速に対応していることはわかったが、それに伴う、アカデミーの開校や閉校の状況はどうなっているのか。、98年度、04年度、10年度の各時点に存在するアカデミーを設置年度に着目して、1998年以前、98年度〜04年度、04年度〜10年度に設置されたものに整理すると表7-3の通りである。

アカデミーは98年度の86校から10年度の125校へと増加したが、その設置年度ごとの変動を見ると、開校と閉校がともに活発であることがわかる。

先ず、開校については、98年度〜04年度の間に44校、04年度〜10年度の間に50校の合計94校の新たなアカデミーが開校された。一方、閉校の状況を見ると、98年度以前に設置された86校が04年度には77校、10年度には43校へと減少し、98年度から10年度の12年間で合計43校のアカデミーが閉校された。また、98〜04年度の間に開校された44校も2010年度までの6年間に12校が閉校となっている。

以上のように、アカデミーが社会の教育ニーズに迅速に対応してきた背景には活発な開校と閉校が存在したことがわかった。

表7-3 ジャカルタ特別州の私立アカデミー数の推移

年度	アカデミー数	設置年度		
		1998年度以前	1998〜2004年度	2004〜2010年度
1998年度	86	86	−	−
2004年度	121	77	44	−
2010年度	125	43	32	50

出典：同上

閉校の実態

それでは閉校したアカデミーが多数に上ることは何を意味するのか。閉校となったアカデミーの設置者に着目して、当該設置者が経営するそ

の他の学校も含めて点検した。その結果、98年度以前に設置したアカデミーで10年度に至るまでに閉校となった43校のうち、14校は単科大学へと転換を果たし、4校は総合大学や専門大学へと統合・発展したことがわかった。一方、残りの25校は転換を果たすことなく閉鎖となったことが明らかになった。

　単科大学に転換した14校の分野ごとの内訳は、情報管理3、観光3、秘書2、外国語2、会計1、保険1、技術1、看護1、となっている（表7-4）。1998年時点のアカデミーとその転換後の単科大学のプログラムを比べると、転換後は、S1、S2、D4などのより高度なプログラムを提供していることがわかる。また、従来アカデミーで実施していた職業教育プログラムが転換後の単科大学でも継続実施されている例が散見される。

　このような転換の背景には、情報化やサービス化など社会の変化による教育ニーズの変化や国民の高学歴志向がある。そして、アカデミーから単科大学などへの転換を容易にしたのは、第一に、一定の基準を満たせば高等教育機関の設置を比較的容易に認める政府の設置行政、第二に、単科大学も職業教育プログラムの実施が認められているので、転換しても従来のアカデミーのプログラムを継続することができ、経営上も無理が少ないことが上げられる。

　一方、閉校した43校のうち上位の学校種に転換することなく閉校に至ったアカデミーが25校に上っている。このことはアカデミーの経営基盤の脆弱性を示すものと思われる。

表7-4　アカデミーから単科大学への転換

アカデミー（1998年）	プログラム	単科大学（2010年）	プログラム
モハマド・フスニ・タムリン経営情報・コンピュータ	D3企業経営 D3情報管理 D3コンピュータ会計	モハマド・フスニ・タムリン経営情報・コンピュータ	S1経営 S1会計

ジャヤバヤ経営情報・コンピュータ	D3情報経営	ジャヤバヤ経営情報・コンピュータ	S1情報システム D3情報経営
ウィドゥリ経営情報・コンピュータ	D3情報管理	ウィドゥリ経営情報・コンピュータ	S1情報技術 S1情報システム D3情報管理
トゥリサクティ観光	D3ホテル D3旅行業	トゥリサクティ観光	S2観光 D4旅行業 D4ホテル D3ホテル D1旅行業 D1ホテル
プリタ・ハラパン観光	D3ホテル D3観光	プリタ・ハラパン観光	D4観光経営 D4ホテル経営 D3旅行業 D3ホテル
サヒッド観光	D3旅行業 D1旅行業 D3ホテル D1ホテル	サヒッド観光	D4旅行業 D4ホテル D3旅行業 D3ホテル D1旅行業 D1ホテル
サンタ・ウルスラ会計	D3会計	サンタ・ウルスラ経済	S1マネジメント S1会計 D3秘書
サンタ・ウルスラ秘書	D3秘書 D3マネジメント		
LPKタラカニタ秘書	D3秘書	タラカニタ・コミュニケーション・秘書	S1コミュニケーション D3秘書
プルティウィ外国語	英語D3	プルティウィ外国語	S1英語 D3英語
インドネシアLPI外国語	D3英語	インドネシアLPI外国語	S1英語 D3英語
トゥリサクティ保険	D3生命保険 D3損害保険	トゥリサクティ保険管理	S1マネジメント D3生命保険 D3損害保険
サプタ・タルナ技術	D3土木技術 D3安全衛生技術	サプタ・タルナ技術	S1土木技術 S1一般技術 D3安全衛生技術 D3土木技術

ST．カロルス看護	D3看護	ST．カロルス健康科学	S1歯科 S1看護学 D3看護 D3助産

出典：Direktorat Perguruan Tinggi Swasta, Direktorat Jenderal Pendidikan Tinggi, Departemen Pendidikan dan Kebudayaan, "DIREKTORI-Perguruan Tinggi Swasta Indonesia 1998/1999" 及びKopertis Perguruan Tinggi Swasta Wilayah Ⅲ, Direktorat Jenderal Pendidikan Tinggi, Kementerian Pendidikan dan Kebudayaan, "DIREKTORI 2012-Perguruan Tinggi Swasta Kopertis Wilayah Ⅲ Jakarta" により、筆者作成。

3　設置者の現状

　次に、経営動向を検討するために、アカデミーの設置者に着目して、2010年時点で、複数のアカデミーを設置する財団を見ると、表7-5の通りである。設置者ごとの総学生数では、ビナ・サラナ・インフォーマティカ財団が突出して大きくなっている。同財団は、情報・コンピュータ、外国語、コミュニケーション、秘書、財務の各分野のアカデミー5校を設置している。その他の財団の学生数を見ると、医療・保健分野のアカデミーの新設が目立っている。

表7－5　複数のアカデミーを設置する財団一覧（2010年）

設置財団	アカデミー：学生数（設置年）	総学生数
ビナ・サラナ・インフォーマティカ （Bina Sarana Informatika）	情報・コンピュータ：32,365（1995年） 外国語：1,176（2002年） コミュニケーション：1,666（2002年） 秘書：3,954（2001年） 財務：749（2008年）	39,910
アミダ（Amida）	情報・コンピュータ：454（2001年） 秘書・経営：90（2004年）	544
ナラ（Nala）	薬剤：126（1997年） 看護：231（1996年） 歯科技工：26（1996年）	383

知識文化振興 （Memajukan Ilumu & kebudayaan）	会計：84（1971年） 外国語：126（1970年） 観光：169（1974年）	379
セント・メリー （LKP Saint Mary）	外国語：61（1986年） 秘書：221（1986年） 観光：78（1987年）	360
ジャカルタ病院 （Rumah Sakit Jakarta）	助産：133（2007年） 看護：212（1998年）	345
ナショナル教育 （Pendidikan Nasional）	助産：122（2004年） 看護：133（1994年）	255
海兵隊振興 （Kesejahteraan Korps Marinir）	助産：149（2001年） 看護：77（2001年）	226
ボロブドゥール教育 （Pendidikan Borobudur）	会計：52（1971年） 外国語：120（1972年） 金融・銀行：52（1975年）	224
ビナ・ウィチャラ （Bina Wicara）	技術（音響）：70（2002年） 医療（言語療法）：99（1988年）	169
ブミ・フサダ・ジャカルタ （Bhumi Husada Jakarta）	薬剤：106（1998年） 病院事務：43（1998年）	149
ジャヤバヤ （Jayabaya）	会計：31（1962年） 企業経営：31（1983年）	62

出典：Kopertis Perguruan Tinggi Swasta Wilayah Ⅲ, Direktorat Jenderal Pendidikan Tinggi, Kementerian Pendidikan dan Kebudayaan, "DIREKTORI 2012-Perguruan Tinggi Swasta Kopertis Wilayah Ⅲ Jakarta" により、筆者作成。

　ビナ・サラナ・インフォーマティカ財団を詳しく見ると、1995年に、情報管理・コンピュータ・アカデミーを設置して以来、短期間の間に、次々とアカデミーを設置し、傘下の学生数は98年度の4,139人から10年度の39,910人へと急激に増加した（表7-6）。従来にない、大規模展開のアカデミー・グループである。

表7－6　ビナ・サラナ・インフォーマティカ財団の設置するアカデミー

アカデミー	設置年	学生数		
		1998年	2004年	2010年
情報管理・コンピュータ・アカデミー	1995	4,139	25,064	32,365
外国語アカデミー	2002	－	802	1,176
コミュニケーションアカデミー	2002	－	1,339	1,666
秘書・経営アカデミー	2001	－	1,768	3,954
財務管理アカデミー	2008	－	－	749
合計	－	4,139	28,973	39,910

出典：Direktorat Perguruan Tinggi Swasta, Direktorat Jenderal Pendidikan Tinggi, Departemen Pendidikan dan Kebudayaan, "DIREKTORI-Perguruan Tinggi Swasta Indonesia 1998/1999"、Direktorat Jenderal Pendidikan Tinggi, Departemen Pendidikan Nasional, 2006, "DIREKTORI-Perguruan Tinggi Swasta di Indonesia" 及びKopertis Perguruan Tinggi Swasta Wilayah Ⅲ, Direktorat Jenderal Pendidikan Tinggi, Kementerian Pendidikan dan Kebudayaan, "DIREKTORI 2012-Perguruan Tinggi Swasta Kopertis Wilayah Ⅲ Jakarta" により、筆者作成。

第3節　私立ポリテクニックの学生数の変化と設置・転換の動向

1　学校数と学生数の動向

　ジャカルタ特別州の私立ポリテクニックは1998年度の3校から2010年度の8校へと学校数が増加するとともに、学生数も98年度の1,101人から10年度の8,208人へと大きく増加した（表7-7）。

表7－7　私立ポリテクニックの学校数と学生数の推移

	1998年		2004年		2010年		増減	
	学校数	学生数	学校数	学生数	学校数	学生数	学校数	学生数
ポリテクニック	3	1,101	8	1,948	8	8,208	5	7,107

出典：同上

2010年度のポリテクニックの教育プログラムごとの学生数は表7-8の通りである。D3のプログラムを中心として提供していることがわかる。また、各ポリテクニックの設置の経緯を示す資料の入手はできなかったが、カルヤ・フサダ・ポリテクニックの助産や看護、グローバル・インドネシア・ポリテクニックのマーケティング、広報及び宣伝など、前節で見た私立アカデミーの動向と同様に、医療・保健分野や経済のサービス化に対応したプログラムを提供するポリテクニックの設置が目立っている。

　さらに、LP3Iジャカルタのようなフランチャイズで全国に展開するポリテクニック、機械・部品工業でインドネシア有数の企業グループであるアストラが関連するマニュファクチャー・アストラ・ポリテクニックなど、インドネシアにおける近年の新たな経済発展を反映したポリテクニックが誕生している。

表7－8　ポリテクニックの学生数（2010年度）

機関名（設置年）	設置財団	分　野	学生数
スワダルマ（1993年）	ダナル・ダナ（Danar Dana）	D3電子技術	74
		D3産業技術	61
		D3金融・銀行	182
		D3会計	280
		D3商業管理	62
		小　計	659
ブンダ・カンドゥング（2001年）	ブンダ・カンドゥング技術教育（Pendidikan Teknologi Bunda Kandung）	D3電気技術	70
		D3機械技術	92
		小　計	162
ジャカルタ LP3I（2003年）	LP3I	D3情報管理	1,395
		D3電子会計	1,326
		D3経営	1,939
		D3広報	76
		小　計	4,736

マニュファクチャー・アストラ（2001年）	アストラ・ビナ・イルム（Astra Bina Ilmu）	D3自動車機械	228
		D3機器製造	68
		D3製造・生産技術	289
		D3情報システム	78
		小　計	663
ジャカルタ・トゥグ（2001年）	ヤパフィ（YAPAFI）	D3英語	168
		D3コンピュータ	452
		D3機械	273
		小　計	893
グローバル・インドネシア（2004年）	グローバル・インドネシア	D3マーケティング	92
		D3広報	84
		D3宣伝	89
		小　計	265
カルヤ・フサダ（1996年）	カルヤ・フサダ（Karya Husada）	D4助産学	26
		D3看護	114
		D3助産	445
		小　計	585
トゥリシラ・ダルマ（2002年）	ビネカ・ブンガ（Bhinneka Bunga）	D3電子技術	47
		D3電気制御	43
		D3機械	68
		D3建設	0
		D3情報経営	43
		D3会計	44
		小　計	245
合　計	−	−	8,208

出典：Kopertis Perguruan Tinggi Swasta Wilayah Ⅲ, Direktorat Jenderal Pendidikan Tinggi, Kementerian Pendidikan dan Kebudayaan, "DIREKTORI 2012-Perguruan Tinggi Swasta Kopertis Wilayah Ⅲ Jakarta" により、筆者作成。

2　開校と閉校の動向

　ポリテクニック数の動向を見ると、98年度に3校、04年度には8校、10年度には8校と増加傾向である。なお、98年度以前に設置された1校が閉校となっている（表7-9）。

表7−9 ジャカルタ特別州の私立ポリテクニック数の推移

	ポリテクニック数	設置年度		
		1998年度以前	1998〜2004年度	2004〜2010年度
1998年度	3	3	−	−
2004年度	8	3	5	−
2010年度	8	2	5	1

出典：Direktorat Perguruan Tinggi Swasta, Direktorat Jenderal Pendidikan Tinggi, Departemen Pendidikan dan Kebudayaan, "DIREKTORI-Perguruan Tinggi Swasta Indonesia 1998/1999"、Direktorat Jenderal Pendidikan Tinggi, Departemen Pendidikan Nasional, 2006, "DIREKTORI-Perguruan Tinggi Swasta di Indonesia" 及びKopertis Perguruan Tinggi Swasta Wilayah Ⅲ, Direktorat Jenderal Pendidikan Tinggi, Kementerian Pendidikan dan Kebudayaan, "DIREKTORI 2012-Perguruan Tinggi Swasta Kopertis Wilayah Ⅲ Jakarta" により、筆者作成。

　表7-8からもわかるように、ポリテクニックについてもアカデミーと同様、2000年代に入り、医療保健や情報などの分野を中心に新設がなされているが、アカデミーに比べて、その設置数は少ない。その背景には、ポリテクニックには3つ以上の職業教育プログラムを提供するという要件があり、1プログラムでも設置可能なアカデミーと比べて参入の壁が高いという事情があると思われる。

　また、国民の間には高学歴志向が高まり、よりステータスが高い学校を求める傾向が強くなっている。職業教育のプログラムを提供する、ポリテクニックよりも専門大学や総合大学を志向する傾向がある。

　一方、LP3Iのような大規模な教育事業の展開やアストラの関連するポリテクニックなど新たな形のポリテクニックが生まれてきていることが注目される。

第4節　小　括

　ジャカルタ特別州のアカデミーについて、1998年度から2010年度の間の動向を検討したところ、学校数、学生数ともに増加しているが、分野別に見ると、情報、看護、助産などの分野で増加する一方、会計、外国語など減少している分野も存在する。

　また、1998年度の時点で86アカデミーが存在したが、このうち、2010年度時点では14アカデミーが単科大学へ転換し、4アカデミーは総合大学や専門大学へ統合され、25アカデミーが閉校となった。一方、1998年度以降新たに設置されたアカデミーが94校に上っている。

　このように、アカデミーは、情報や医療・保健など新しい教育ニーズに迅速に対応するとともに、単科大学への転換や開校・閉校が極めて活発に行われていることがわかった。また、閉校が多いことから一般に経営基盤が脆弱なこともわかった。

　ポリテクニックは3以上の職業教育プログラムの提供という要件があり、アカデミーよりも設置が容易ではないので小規模にとどまっていると思われるが、インドネシア有数の企業グループであるアストラが経営する新たなポリテクニックなど、技術分野を中心に注目されるものが現れてきている。

第8章　ジャカルタ特別州の私立単科大学、専門大学及び総合大学の発展に関する考察

　本章ではジャカルタ特別州の私立高等教育機関から、単科大学、専門大学及び総合大学を取り上げて考察する。単科大学（第1節）並びに専門大学及び総合大学（第2節）の学校数と学生数の変化や設置者単位の機関の設置・転換の動向を中心に考察する。

第1節　私立単科大学の発展の動向

1　学校数と学生数の推移
学校数と学生数はともに増加
　ジャカルタ特別州の私立単科大学の学校数の変化を見ると、1998年度95、2004年度141、10年度136と推移している（表8-1）。98年度から10年度の12年間で43.2％の増加となっている。

　学生数を見ると、98年度78,301人、04年度87,243人、10年度106,988人と推移しており、98年度から10年度の12年間で、36.6％の増加となっている。

分野ごとの推移
　分野ごとに学校数を見ると、1998年度から2010年度の間に増加が目立つのは、医療・保健分野であり、16大学の増加となっている。

　学生数では、98年度から10年度の間で最も増加数が大きいのは教育分野で9,191人の増加、次いで、広報8,065人、医療・保健7,991人、観光3,318人の順となっている。

　教育や医療・保健の学生数の増加の背景には、教員、看護士などの資格取得のために学士号が必要となったことがあると思われる。また、広報、医療・保健及び観光の分野の増加は、経済のサービス化や医療・保健サービスへのニーズの高まりを反映していると考えられる。

このように単科大学の大学数や学生数が増加している背景には、国民の生活水準の向上に伴い、高学歴志向が高まっていることがある。単科大学は、最小限1教育プログラムから提供が可能であり、設置は比較的容易である。また、施設設備の整備のための経済的負担が比較的小さく、多人数の教育が可能な文科系を中心に増加してきたと思われる。

表8－1　ジャカルタ特別州の私立単科大学の学校数と学生数の推移

分野別	1998年度		2004年度		2010年度		増減 98～10年度	
	学校	学生	学校	学生	学校	学生数	学校	学生
経営・経済	58	51914	77	54702	62	49107	4	-2807
情報	13	14099	22	8693	20	12315	7	-1784
海運・物流	2	3968	3	3560	3	4049	1	81
教育	5	2805	6	5114	5	11996	0	9191
技術	7	2686	7	3139	6	3657	-1	971
法律	3	1769	3	1418	2	2732	-1	963
広報	4	573	8	3594	8	8638	4	8065
哲学（Ilmu Filsafat）	2	487	2	797	2	491	0	4
外国語	1	0	3	1924	4	1347	3	1347
観光	0	0	2	3036	3	3318	3	3318
医療・保健	0	0	8	1266	16	7991	16	7991
文化	0	0	0	0	4	1194	4	1194
政府（Ilmu Pemerintahan）・政治（Ilmu Politik）	0	0	0	0	1	153	1	153
合　計	95	78301	141	87243	136	106988	41	28687

出典：Direktorat Perguruan Tinggi Swasta, Direktorat Jenderal Pendidikan Tinggi, Departemen Pendidikan dan Kebudayaan, "DIREKTORI-Perguruan Tinggi Swasta Indonesia 1998/1999"、Direktorat Jenderal Pendidikan Tinggi, Departemen Pendidikan Nasional, 2006, "DIREKTORI-Perguruan Tinggi Swasta di Indonesia"及びKopertis Perguruan Tinggi Swasta Wilayah Ⅲ, Direktorat Jenderal Pendidikan Tinggi, Kementerian Pendidikan dan Kebudayaan, "DIREKTORI 2012-Perguruan Tinggi Swasta Kopertis Wilayah Ⅲ Jakarta" により、筆者作成。

2　開校と閉校の動向
活発な開校と閉校

　98年度、04年度、10年度の各時点の単科大学について、その設置年度ごとに、1998年以前、98年度～2004年度、2004年度～2010年度の3つの時期に分けて整理すると表8-2の通りである。

　前章で見たアカデミーと同様、単科大学もその開校や閉校が活発なことが特徴となっている。98年度～04年度の間に54大学、04年度～10年度の間に34大学が新設されている。

　一方、98年度以前に設置された95大学のうち、98年度～04年度の間に8校、04年度～10年度の間に20校が閉校となり、合計28校が98年度から10年度の間に閉校となった。また、98～04年度の間に設置された54大学の35.2％に当たる19大学が2010年度までに閉校になっている。

　単科大学はアカデミーと並んで、小規模な教育機関として、設置が比較的容易であり、また、職業教育プログラムを継続して実施することもできるので、社会の教育ニーズに迅速に対応してきたことが明らかになった。

表8－2　ジャカルタ特別州の私立単科大学数の推移

年　度	単科大学数	設置年度		
		1998年度以前	1998～2004年度	2004～2010年度
1998年度	95	95	－	－
2004年度	141	87	54	－
2010年度	136	67	35	34

出典：同上

上位校への転換

　また、98年度以前に設置されていた単科大学95のうち、2010年度に至るまでに、閉鎖された28大学の設置法人を見ると、7の単科大学が専門大学へと転換を果たし、10の単科大学は総合大学へと転換した（表8

-3)。そして、12大学が閉鎖されている。

表8-3　単科大学から総合大学・専門大学への転換

単科大学（1998年度）	総合大学・専門大学（2010年度）
ブディ・ルフゥル技術単科大学 ブディ・ルフゥル経済単科大学 ブディ・ルフゥル社会・政治単科大学 ブディ・ルフゥル情報・コンピュータ単科大学	ブディ・ルフゥル大学
ジャガカルサ経済単科大学 ジャガカルサ法律単科大学 ジャガカルサ技術単科大学	タマ・ジャガカルサ大学
ブンダ・ムリヤ経済単科大学 ブンダ・ムリヤ情報・コンピュータ単科大学	ブンダ・ムリヤ大学
PGRI教員養成単科大学	インドラプラスタPGRI大学
プルバナス経済単科大学 プルバナス情報・コンピュータ単科大学	アジア・プルバナス金融・情報専門大学
ヌサンタラ経済単科大学	ビジネス・ヌサンタラ専門大学
カルベ経済単科大学	カルベ技術ビジネス専門大学
IBII経済単科大学	インドネシア・ビジネス情報専門大学
ウング・キャンパス経済単科大学 ASMI管理・秘書単科大学	ジャカルタ・ASMI・ビジネス・マルチメディア専門大学

出典：Direktorat Perguruan Tinggi Swasta, Direktorat Jenderal Pendidikan Tinggi, Departemen Pendidikan dan Kebudayaan, "DIREKTORI-Perguruan Tinggi Swasta Indonesia 1998/1999" 及びKopertis Perguruan Tinggi Swasta Wilayah III, Direktorat Jenderal Pendidikan Tinggi, Kementerian Pendidikan dan Kebudayaan, "DIREKTORI 2012-Perguruan Tinggi Swasta Kopertis Wilayah III Jakarta" により作成。

　それでは、単科大学から専門大学若しくは総合大学へと転換した場合に、転換後のプログラムはどう変化したのか。表8-4は単科大学から専門大学への転換、表8-5は単科大学から総合大学へと転換した事例をま

とめたものである。

　これらの事例を見ると、転換を契機に、提供プログラムの分野が拡大するとともに、S2やS3という、より高度なプログラムの提供がなされる場合が多いことが明らかである。一方、単科大学で実施していたプログラムが転換後の専門大学や総合大学においても継続実施されている例も多く見られる。

表8－4　単科大学から転換した専門大学のプログラム

単科大学	プログラム	専門大学	プログラム
プルバナス経済	S1：マネジメント、会計 D3：財務・銀行、会計	アジア・プルバナス金融情報	S2：マネジメント S1：情報技術、コンピュータ・システム、情報システム、マネジメント、会計 D3：コンピュータ会計、財務・銀行、会計
プルバナス情報・コンピュータ	S1：情報マネジメント、情報技術		
ヌサンタラ経済	S2：マネジメント S1：マネジメント、会計 D3：マネジメント、会計	ヌサンタラ・ビジネス	S2：マネジメント S1：コンピュータ・システム、情報システム、マネジメント、会計、コミュニケーション学、英語 D3：マーケティング、企業マネジメント、会計
カルベ経済	S2：マネジメント S1：マネジメント、会計 D3：財務・銀行、企業マネジメント	カルベ技術ビジネス	S2：マネジメント S1：情報技術、情報システム、マネジメント、会計、コミュニケーション学 D3：会計 専門：会計
IBII経済	S2：マネジメント S1：マネジメント、会計	インドネシア・ビジネス情報	S3：経済学 S2：マネジメント、会計 S1：情報技術、情報システム、マネジメント、会計、商業管理、コミュニケーション学 専門：会計

ウング・キャンパス経済	S1：銀行 D3：マーケティング、財務・銀行、マネジメント、会計	アスミ・ジャカルタ・ビジネス・マルチメディア	S2：マネジメント S1：情報システム、マネジメント、会計、商業管理 D4：秘書 D3：管理、秘書 D1：管理、秘書

出典：同上

表8－5　単科大学から転換した総合大学のプログラム

単科大学	プログラム	専門大学	プログラム
ブディ・ルフゥル技術	S1：建築技術	ブディ・ルフゥル大学	S2：コンピュータ、経営、会計 S1：電子技術、建築、情報技術、コンピュータ・システム、情報システム、経営、会計、国際関係、コミュニケーション D3：経営情報、コンピュータ会計
ブディ・ルフゥル経済	S1：会計、経営 S2：経営		
ブディ・ルフゥル社会・政治	S1：コミュニケーション、国際関係		
ブディ・ルフゥル情報・コンピュータ	D3：情報経営、 S1：情報経営 D3：コンピュータ会計 S1：コンピュータ会計 S1：情報技術 D3：コンピュータ技術		
ジャガカルサ経済	D3：財務・銀行経営、経営、会計 S1：開発経済 S2：経営	タマ・ジャガカルサ大学	S2：土木技術、経営、法律 S1：電子技術、機械技術、土木技術、建築、産業技術、情報技術、情報システム、経営、会計、コミュニケーション、心理、法律、インドネシア語教育、英語教育 D3：財務・銀行、会計
ジャガカルサ法律	S1：法律		
ジャガカルサ技術	S1：電子技術、土木技術		

ブンダ・ムリヤ経済	S1：企業経営	ブンダ・ムリヤ大学	S2：コンピュータ、経営
ブンダ・ムリヤ情報・コンピュータ	D3：情報経営、コンピュータ経営 S1：情報技術		S1：産業技術、情報技術、情報システム、経営、会計、コミュニケーション、心理、英語、中国語、デザイン
PGRI教員養成	D3：教育心理、英語教育、数学教育 S1：教育心理、経済、英語教育、インドネシア語教育、数学教育、歴史教育、世界史	インドラプラスタPGRI大学	S2：理科教育、社会科学教育、インドネシア語教育、英語教育 S1：建築、産業技術、情報技術、数学教育、物理教育、生物教育、カウンセリング、歴史教育、経済教育、インドネシア語教育、英語教育、デザイン

出典：同上

第2節　私立専門大学及び総合大学の発展の動向

1　学校数と学生数の推移
学校数と学生数は増加

ジャカルタ特別州の私立専門大学の学生数は、1998年度の15,257人から2010年度の19,162人へと25.6%の増加となっている。また、大学数については、98年度に6校であったが、10年度現在、11校となっている。

また、私立総合大学についても、1998年度から2010年度の間に学校数、学生数ともに増加した。学校数は98年度の38大学から10年度の49大学へと28.9%の増加率であり、学生数は、98年度の235,793人から10年度の269,869人へと14.5%の増加率である（表8-6）。

表8-6　ジャカルタ特別州の私立専門大学及び総合大学の学校数・学生数

		1998年度	2010年度	増減	増加率（%）
専門大学	大学数	6	11	5	83.3
	学生数	15,257	19,162	3,905	25.6
総合大学	大学数	38	49	11	28.9
	学生数	235,793	269,869	34,076	14.5

出典：同上

2　開校と閉校の動向

98年度、04年度、10年度の各時点の大学数を設置年度ごとに、1998年度以前、98年度～2004年度、2004年度～2010年度の3つの時期に分けて整理すると専門大学は表8-7、総合大学は表8-8の通りである。

専門大学については、98年度に6大学が存在したが、04年度～10年度の間に5大学が新設された一方、この間に閉校となった大学はない。

また、総合大学については、98年度～04年度の間に9大学、04年度～10年度の間に4大学が新設された。一方、閉校となった大学は、1998年以前設置の大学で1校、98年度～04年度設置の大学で1校となっている。

このように、専門大学や総合大学については新設が進んでいる一方

で、アカデミーや単科大学の場合のように閉校となる例は極めて少ない。これは、専門大学や総合大学が高等教育機関として、小規模なアカデミーや単科大学の発展の到達点であるため、アカデミーや単科大学のようなプログラムの拡充やより大規模な学校種への転換という事例がないからと思われる。また、専門大学や総合大学は一般に規模も大きいので、経営基盤も比較的安定しており、それが閉校数の少なさにつながっていると考えられる。

表8－7　ジャカルタ特別州の私立専門大学数の推移

年　度	大学数	設置年度		
		1998年度以前	1998～2004年度	2004～2010年度
1998年度	6	6	－	－
2004年度	6	6	0	－
2010年度	11	6	0	5

出典：Direktorat Perguruan Tinggi Swasta, Direktorat Jenderal Pendidikan Tinggi, Departemen Pendidikan dan Kebudayaan, "DIREKTORI-Perguruan Tinggi Swasta Indonesia 1998/1999"、Direktorat Jenderal Pendidikan Tinggi, Departemen Pendidikan Nasional, 2006, "DIREKTORI-Perguruan Tinggi Swasta di Indonesia" 及びKopertis Perguruan Tinggi Swasta Wilayah Ⅲ, Direktorat Jenderal Pendidikan Tinggi, Kementerian Pendidikan dan Kebudayaan, "DIREKTORI 2012-Perguruan Tinggi Swasta Kopertis Wilayah Ⅲ Jakarta" により、筆者作成。

表8－8　ジャカルタ特別州の私立総合大学数の推移

年　度	大学数	設置年度		
		1998年度以前	1998～2004年度	2004～2010年度
1998年度	38	38	－	－
2004年度	46	37	9	－
2010年度	49	37	8	4

出典：同上

3 個別大学の学生数の推移

上述のように、ジャカルタ特別州の私立専門大学及び総合大学では1998年から2010年の間で学校数や学生数が増加したが、個別の大学ごとに見ると、その学生数の動向はどのような特徴を持っているのであろうか。

設置年度の古い大学の学生数が減少傾向

1998年と2010年の間の学生数の増減を見ると、専門大学では、表8-9の通りである。また、総合大学については、2010年度の学生数が2千人以上の総合大学を取り上げて、98年度から10年度への学生数の推移を見ると表8-10の通りとなっている。

設置年に着目すると、専門大学では、98年度以前から設置されていた大学はジャカルタ芸術専門大学を除いて学生数を減少させている。なお、ジャカルタ・アスミ・ビジネス・マルチメディア専門大学については、2010年に設置されており、同年の調査時には学生が存在しなかったと推測される。

総合大学についても、1950年代から60年代に設置され、1998年時点で学生数が1万人を超えていた、ムハマディーヤ・Prof. Dr. ハムカ大学、トリサクティ大学、タルマヌガラ大学、パンチャシラ大学、カトリック・インドネシア・アトマジャヤ大学がいずれも学生数を減らしている。

一方で、90年代以降に設置された、グナダルマ大学、ビナ・ヌサンタラ大学、ブディ・ルフゥル大学などが学生数を増加させている。

第5章において、学生数を減少させた大学の一つである、パンチャシラ大学の事例を取り上げて考察を行ったが、2000年に始まった国立大学の法人化に伴う、国立大学の積極的な学生募集施策や新設の私立大学との競争が激化する中で、キャンパスや施設設備の更新に充てる資金の留保をすることが困難な状況で学生数の減少につながった面があると思われる。

表8−9 ジャカルタ特別州の専門大学の学生数の推移

専門大学	設置年	1998年	2010年	増減
ジャカルタ社会・政治 (Ilmu Sosial dan Ilmu Politik Jakarta)	1953	2946	1734	-1212
ジャカルタ芸術 (Kesenian Jakarta)	1985	999	1442	443
アル・カマル科学技術 (Sains dan Teknologi Al-Kamal)	1984	1580	1282	-298
ナショナル科学技術 (Sains dan Teknologi Nasional)	1952	3938	3047	-891
ブディ・ウトモ技術 (Teknologi Budi Utomo)	1984	2207	228	-1979
インドネシア技術 (Teknologi Indonesia)	1984	3587	1875	-1712
インドネシア・ビジネス情報 (Bisnis dan Informatika Indonesia)	2005	−	3065	3065
ビジネス・ヌサンタラ	2008	−	1213	1213
ジャカルタ・アスミ・ビジネス・マルチメディア	2010	−	0	0
アジア・プルバナス金融・情報 (Keu Perbankan dan Inf Asia Perbanas)	2007	−	4643	4643
カルベ技術ビジネス (Teknologi dan Bisnis Kalbe)	2009	−	633	633

出典：Direktorat Perguruan Tinggi Swasta , Direktorat Jenderal Pendidikan Tinggi, Departemen Pendidikan dan Kebudayaan, "DIREKTORI -Perguruan Tinggi Swasta Indonesia 1998/1999" 及びKopertis Perguruan Tinggi Swasta Wilayah Ⅲ , Direktorat Jenderal Pendidikan Tinggi, Kementerian Pendidikan dan Kebudayaan, "DIREKTORI 2012-Perguruan Tinggi Swasta Kopertis Wilayah Ⅲ Jakarta" により、筆者作成。

表8−10 ジャカルタ特別州の私立総合大学(学生数2千人以上)の学生数の推移

総合大学名	設置年	1998年	2010年	増減
ムハマディーヤ・Prof.Dr.ハムカ	1957	50,176	11,342	-38,834
トリサクティ	1965	30,541	18,757	-11,784
グナダルマ	1996	26,594	27,400	806
タルマヌガラ	1959	17,002	13,480	-3,522
パンチャシラ	1966	12,063	7,855	-4,208
カトリック・インドネシア・アトマジャヤ	1960	11,726	11,408	-318

ジャカルタ・ベテラン・国土開発	1963	7,078	6,580	-498
クリスチャン・インドネシア	1953	6,899	4,209	-2,690
ジャヤバヤ	1958	6,720	3,352	-3,368
ムルチュ・ブアナ	1985	5,259	14,549	9,290
クリスナドゥウィパヤナ	1952	4,962	3,611	-1,351
Prof.Dr.モエストポ	1962	4,835	5,621	786
ムハマディーヤ・ジャカルタ	1955	4,217	6,237	2,020
クリスチャン・クリダ・ワチャナ	1967	3,909	2,808	-1,101
サヒド	1988	3,781	2,381	-1,400
ヤルシ	1989	2,723	2,464	-259
1945年8月17日	1952	2,611	3,634	1,023
ナショナル	1949	2,475	6,146	3,671
MPUタントゥラー	1984	2,459	2,072	-387
エサ・ウングル	1993	2,451	5,037	2,586
ダルマ・プルサダ	1986	2,239	2,036	-203
プリタ・ハラパン	1993	2,088	7,164	5,076
イスラム・アッシャフィーヤ	1983	1,715	2,052	337
プルサダ・インドネシア・ヤイ	1985	1,643	9,752	8,109
ビナ・ヌサンタラ	1996	1,282	23,914	22,632
サトヤガマ・ジャカルタ	1988	526	5,529	5,003
レスパティ・インドネシア	1986	470	2,244	1,774
ブディ・ルフゥル	2002	0	11,179	11,179
ブン・カルノ	1999	0	5,212	5,212
ブンダ・ムリア	2002	0	2,970	2,970
アル・アズハル・インドネシア・ジャカルタ	2000	0	2,752	2,752

出典：同上

設置者別の学生数

　次に、ジャカルタ特別州の私立高等教育機関の設置者別にその傘下の高等教育機関の総学生数を大きい順に並べると表8-11の通りである。

1万人を超える総学生数を擁する設置者が11に上っている。

　学生規模が最も大きいのは、5つのアカデミーを設置するビナ・サラナ財団で39,910人となっている。次いで、トリサクティ大学と5つの単科大学を設置するトリサクティ財団で28,527人、続いて、グナダルマ大学を設置するグナダルマ教育財団で27,400人となっている。

　ビナ・サラナ財団は職業教育を提供するアカデミーを展開しているが、それ以外の財団は、総合大学や専門大学を中心に運営していることが明らかである。

　インドネシアでは、高等教育機関の種類によって提供できるプログラムの分野数や規模が規定されており、各機関がプログラムを拡充する際には、アカデミーから単科大学、さらに、専門大学や総合大学へとより上位の学校種へと転換する事例が前章や本章において見られたところであり、設置者は、総合大学や専門大学の設置を経営の到達目標としていると考えられる。

　また、進学を希望する高校生やその親もステータスの高い学校を志向するのが一般的であり、総合大学への評価が一般に高い。上述のように、総合大学や専門大学の閉鎖はアカデミーや単科大学と比べて、極めて少なくなっている。

表8-11　ジャカルタ特別州の私立高等教育機関の設置者別学生数（2010年）

	設置財団	高等教育機関	学生数
1	ビナ・サラナ・インフォーマティカ	アカデミー5	39,910
2	トリサクティ	総合大学1、単科大学5	28,527
3	グナダルマ教育	総合大学1	27,400
4	ビナ・ヌサンタラ	総合大学1	23,914
5	PGRI教育指導	総合大学1	16,729
6	ムルチュ・ブアナ	総合大学1	14,549
7	タルマナガラ	総合大学1	13,480

8	アトマジャヤ	総合大学1	11,408
9	ムハマディーヤ・Prof. Dr. ハムカ	総合大学1	11,342
10	ブディ・ルフゥル教育	総合大学1、アカデミー1	11,449
11	インドネシア管理	総合大学1、アカデミー1	10,057
12	パンチャシラ大学教育	総合大学1	7,855
13	プリタ・ハラパン大学	総合大学1、アカデミー1	7,648
14	ジャカルタ・ベテラン・国土開発	総合大学1	6,580
15	ムハマディーヤ・ジャカルタ	総合大学1	6,237
16	知識文化振興	総合大学1、アカデミー3	6,525
17	Prof. Dr. モエストポ大学	総合大学1	5,621
18	サトヤガマ	総合大学1	5,529
19	スカルノ教育	総合大学1	5,212
20	クマラ	総合大学1	5,037
21	プルバナス教育	専門大学1	4,643
22	クリスチャン・インドネシア大学	総合大学1	4,209
23	アル・タヒリーヤ	総合大学1	4,005
24	1945年8月17日高等教育機関	総合大学1	3,634
25	クリスナドゥウィパヤナ大学	総合大学1	3,611
26	ジャヤバヤ	総合大学1、アカデミー3	3,564
27	IBII	専門大学1	3,065
28	チキニ教育機関	専門大学1	3,047
29	ブンダ・ムリア教育	総合大学1、アカデミー1	3,067
30	クリスチャン・クリダ・ワチャナ高等教育	総合大学1	2,808

出典：Koordinasi Perguruan Tinggi Swasta Wilayah Ⅲ, Direktorat Jenderal Pendidikan Tinggi, Kementerian Pendidikan dan Kebudayaan, "DIREKTORI 2012-Perguruan Tinggi Swasta Kopertis Wilayah Ⅲ Jakarta" により、著者作成。

　さらに、総合大学を含む複数の学校を経営している設置者は、表8－12の通りである。

表 8-12 総合大学を含む複数の高等教育機関を設置する財団

設置者	高等教育機関(2010年時点の学生数)
トリサクティ財団	トリサクティ大学(18,757)、経済単科大(3,771)、物流管理単科大(3,376)、保険管理単科大(523)、観光単科大(1,861)、メディア・広報単科大(239) 合計 28,527
ジャヤバヤ財団	ジャヤバヤ大学(3,352)、会計アカデミー(31)、企業経営アカデミー(31)、情報単科大(150) 合計 3,564
ボロブドゥール	ボロブドゥール大学(1,492)、会計アカデミー(52)、外国語アカデミー(120) 合計 1,664
科学・文化振興財団	ナショナル大学(6,146)、外国語アカデミー(126)、会計アカデミー(84)、観光アカデミー(169) 合計 6,525
ブディ・ムルニ教育財団	MPUタントゥラー大学(2,072)、コンピュータ・情報アカデミー(207) 合計 2,279
プリタ・ハラパン大学財団	プリタ・ハラパン大学(7,164)、観光単科大(484) 合計 7,648
ブディ・ルフゥル教育財団	ブディ・ルフゥル大学(11,179)、秘書アカデミー(270) 合計 11,449
ブンダ・ムリア教育財団	ブンダ・ムリア大学(2,970)、観光アカデミー(97) 合計 3,067
インドネシア管理財団	プルサダ・インドネシア・ヤイ大学(9,752)、会計アカデミー(305) 合計 10,057

出典:同上

第3節 小 括

　前章で検討したアカデミーと同様、単科大学についても社会の教育ニーズに迅速に対応し、開校や閉校が頻繁になされたことが明らかになった。

　また、高学歴志向の高まりに伴い、より威信の高い、上位の高等教育機関を求める傾向が強くなっており、単科大学から専門大学や総合大学に転換する事例も一定数存在することがわかった。転換は、より広い分野のプログラムやより高度なプログラムの提供につながる例が多いことがわかった。さらに、従来の単科大学のプログラムが転換後の専門大学

や総合大学で継続実施されている例が多いこともわかった。

　専門大学や総合大学はインドネシアにおける私立高等教育機関の発展の到達目標として、転換や閉鎖も少なく、また、経営基盤も比較的安定していると思われる。設置者単位で見ても、総合大学や専門大学が学校経営の中心を占めていることが明らかになった。

　一方で、学生数の動向を見ると、50年代や60年代など設置年の古い大学の学生数について近年減少傾向が見られた。これは、私立大学における財務状況が一般に厳しく、施設・設備に投資する財源が乏しい中で、国立大学や新設の私立大学と競争を余儀なくされているという事情があると思われる。

コラム2　弘前大学の国際化への取組

　インドネシアでの3年間の勤務を終えて帰国し、2013年10月から国立大学法人弘前大学国際連携本部に勤務している。弘前大学のスローガンは「世界に発信し、地域と共に創造する」大学。地方が世界と直接つながるグローバル社会到来の中、地域社会の大学に対する大きな期待を感じている。
　弘前大学は世界12カ国の26大学と大学間交流協定を締結し、159名の外国人留学生を受け入れている（2014年12月現在）。国際連携本部の役割は、大学のグローバル化の推進を図るための施策を企画し、推進することである。以下では国際連携本部の事業の一端をご紹介しよう。

「グローバル化推進戦略会議」の提言
　2014年8月、弘前大学グローバル化推進戦略会議が「グローバル化推進への提言」をまとめた。①グローバルな視点をもって地域の発展に貢献するリーダーを輩出する、②国際競争力を持ち特色ある研究を推進する、③地域と共に"地方大学の特色あるグローバル化"を目指す、という指針の下、教育、研究、社会連携及び推進体制について具体策が提言された。国際連携本部では提言の実施のための工程表をまとめた。
　提言では近隣アジア諸国を重点対象地域とした。インドネシアもその一つである。14年12月、ウダヤナ大学、バリ情報経営・コンピュータ技術大学、ダルマ・プルサダ大学、ボゴール農科大学に訪問し、交流の可能性を探った。

駐日大使館関係者による特別講演
　海外の文化への理解を深め、国際交流を促進するため、駐日大使館の関係者を招いた講演会を開催している。2014年4月には、中央アジアのトルクメニスタン国のグルバンマメット・エリャゾフ特命全権大使による講演会を開催した。講演終了後、本学の北日本新エネルギー研究所を訪問され、今後の科学技術や人材育成などの連携を模索する意見交換を行った。
　また，同年6月には，在京インドネシア大使館文化担当官のイクバル氏を講師として招き，インドネシア・セミナーを開催した。講演終了後，インドネシアからの留学生も参加した交流会を開催した。

ボゴール農科大学での研究紹介

インドネシア・セミナーでの交流会
イクバル氏（左から4人目）を囲む留学生と教員

海外派遣教育プログラムの実施

　2014年度から「海外派遣教育プログラム」を開始した。教職員が，弘前大学の海外拠点（現在3カ所）及び協定校を活用し，海外大学フェアを自ら企画立案し実施することでグローバル感覚と実践力を養うとともに、海外で本学をアピールし、留学生の増加を図るものである。

　14年度には、教員14人，事務職員26人がこの事業に参加し，5カ国（フランス，アメリカ，カナダ，中国，ニュージーランド）の海外協定校へ赴き、大学フェアを実施した。各フェアには多数の学生が訪れ、好評であった。

　キャンパスで接する学生の留学や海外でのボランティア活動に参加してみたいという意欲は高まっている。また、教職員の間にも国際交流への関心は高い。さらなるグローバル化の展開に努力したい。

海外派遣教育プログラム
（テネシー大学マーチン校）

海外派遣教育プログラム
（延辺大学）

終　章

総括と今後の研究課題

終章　総括と今後の研究課題

　第Ⅰ部では、インドネシアの私立高等教育が職業教育を中心として社会の教育ニーズに迅速に対応し、高等教育の拡大に中心的な役割を果たしてきたことが明らかになった。一方、私立高等教育機関の経営基盤が一般に脆弱であること、また、教育研究の質の点で私立は国立に劣るが、大都市部を中心に国立に比肩する私立大学も出現している。さらに、政府の私立高等教育に対する財政的援助は限られたものであることがわかった。

　第Ⅱ部では、政府の設置行政の影響と設置者単位の経営行動という2点に着目して私立高等教育の発展の仕組みと特徴を検討した。設置行政については、高等教育の普及・拡大における私立の役割に期待し、比較的容易に私立機関の設置を認める方針をとってきたことが明らかになった。また、設置基準についてもアカデミーや単科大学のような小規模な学校種から専門大学や総合大学への転換が比較的容易にできるような仕組みになっていたことがわかった。

　設置者の経営行動を見ると、社会の教育ニーズに対応して、活発に新たな学校や教育プログラムの提供に取り組んできたことが明らかになった。一方で、閉校になる事例も多く、経営基盤が脆弱であることがわかった。

　以上の考察を踏まえ、本章の第1節では、私立高等教育の発展の特徴と課題を検討する。始めに私立高等教育機関の類型化を行い、その上で、私立高等教育の発展の特徴について整理する。そして、今後の発展のための課題を述べる。さらに、第2節では、残された研究課題についてまとめることにしたい。

第1節　私立高等教育の発展の特徴と課題

1　私立高等教育機関の類型化

　第7章及び第8章ではジャカルタ特別州の私立高等教育機関の1998年度から2010年度の推移を取り上げて検討したところ、アカデミーや単科大学が新たな教育ニーズに対応して教育プログラムを拡大し、専門大学や総合大学へと発展を遂げる例が多く見られることが明らかになった。

　以下では、時間軸を1950年代から今日までに拡大し、設置者の属性、設置の時期、発展の形態という点に着目して類型化を試みる。

1950年代～60年代に設置された大学－Ⅰ型及びⅡ型

　1950年代から60年代に創設された大学は当初から総合大学としてスタートしたものが多い。独立国家の体面を重視した政府は威信の高い総合大学を志向し、1961年に制定した「高等教育機関法」においても総合大学の要件については他の学校種よりも明確に規定していた。また、設置者側もより威信の高い総合大学を志向する傾向が強かった。

　このような大学のうち、国軍、政治、地方などの有力者が中心になって設立した大学がⅠ型であり、ナショナル大学(1949年)、トリサクティ大学（1965年）、パンチャシラ大学（1966年）がこの類型に入る。

　Ⅱ型は、同じく、50年代～60年代に設置された大学であるが、その設置者が宗教系のものである。キリスト教やイスラーム関係者が中心となって設立した大学であり、キリスト教系のカトリック・インドネシア・アトマジャヤ大学（1960年）やイスラーム系のムハマディーヤ・ジャカルタ大学（1955年）がその例である。

　カトリック・インドネシア・アトマジャヤ大学 (http://www.atmajaya.ac.id/web, 2015.3.11)の場合、カトリックの高等教育機関を設置するという構想が生まれたのは1952年であったが、この構想が実現に移され、同大学が設立されたのは1960年のことである。当初、経済学部、ビジネス経営・コミュニケーション学部で構成され、その後、教育学部と工学部が61

年、法学部が65年、医学部が67年、心理学部が92年にそれぞれ追加して設置された。現在、8学部で学士課程として17教育プログラム、大学院修士課程で7プログラムを有す。

1970年代～80年代に設置された大学 − Ⅲ型

　Ⅲ型は、1970年代から80年代に「教育起業家」により設立された第二世代の大学である。スハルト第2代大統領の統治下、経済社会の発展が進み、情報など新しい教育ニーズが高まった。これに対応して1970年代から80年代に誕生したアカデミーや単科大学が次第に発展を遂げ、90年代から2000年代に総合大学へと発展した。例えば、ビナ・ヌサンタラ大学、グナダルマ大学、ブディ・ルフゥル大学はIT分野の教育からスタートして総合大学へと発展した。また、インドラプラスタPGRI大学は教員教育に関するニーズの増大に対応して発展を遂げた。

　ビナ・ヌサンタラ大学（http://binus.ac.id/history/, 2015.3.11）の場合は1974年に「現代コンピュータ・コース」という短期コースから出発し、81年にコンピュータ技術アカデミーとなった。85年にビナ・ヌサンタラ経営情報・コンピュータ・アカデミーへと形を変え、86年には教育文化省から優秀コンピュータ・アカデミーに選ばれた。87年にビナ・ヌサンタラ経営情報・コンピュータ単科大学へと発展した。93年にはインドネシアで初めて修士レベルの情報システムマネジメントのプログラムを開設した。96年にビナ・ヌサンタラ大学が設置され、98年にビナ・ヌサンタラ経営情報・コンピュータ単科大学も統合された。コンピュータ科学、経済、工学、文学、数学・自然科学の各学部が創設され、2007年には心理学部、通信・マルチメディア学部が設置された。

　また、グナダルマ大学（http://www.gunadarma.ac.id/en/pages/profile.html, 2015.3.11）の場合は、1981年にコンピュータ・サイエンス教育プログラムとしてスタートし、その後、コンピュータ・サイエンス・アカデミーへと発展し、1984年にグナダルマ・コンピュータ・経営情報単科大学となった。1990年に、グナダルマ経済単科大学を新たに設置した。その

後、この2つの単科大学が統合され、1996年にグナダルマ大学が誕生した。

1990年代以降に設置された大学－Ⅳ型及びⅤ型

Ⅳ型は、第3世代とも言える、企業グループが設置する大学である。1993年にリッポー・グループによって設立されたプリタ・ハラパン大学を嚆矢とし、その後、2005年にバクリ・グループによるバクリ大学とコンパス・グラメディア・グループによるマルチメディア・ヌサンタラ大学が設置された。

プリタ・ハラパン大学（http://international.uph.edu/about/overview-of-uph.html, 2015.3.11）の設置者である、プリタ・ハラパン教育財団は、同大学以外に、観光単科大学、インターナショナル・スクールなどの学校グループを経営している。同大学の主キャンパスは、リッポー・グループが開発したジャカルタ近郊の「リッポー・カラワチ」の住宅地区に位置する。企業グループが経営する大学の評価については未知数であるが、今後の動向が注目される。

Ⅴ型は、ビナ・サラナ・インフォーマティカ財団傘下の5つのアカデミーである。D3の情報教育を中心に大規模な展開を図っている。従来の設置者が総合大学へと発展することを目指したのに対し、情報など大都市の教育ニーズに対応して、職業教育に特化して取り組んでいる点で新しいタイプの類型と言ってよい。

表9－1　私立高等教育機関の発展の類型

	設置者	設置時期	発展形態	高等教育機関
Ⅰ	政治、軍、社会の有力者	50年～60年代	総合大学として設置	ナショナル大学、トリサクティ大学、パンチャシラ大学

Ⅱ	宗教系団体	50年～60年代	総合大学として設置	ムハマディーヤ・ジャカルタ大学、カトリック・インドネシア・アトマジャヤ大学
Ⅲ	教育起業家	70年代～	情報教育など社会のニーズに対応し、アカデミーや単科大学を経て総合大学へ。	ビナ・ヌサンタラ大学、グナダルマ大学、ブディ・ルフフル大学、インドラプラスタPGRI大学
Ⅳ	企業グループ	90年代～	総合大学として設置。	プリタ・ハラパン大学、バクリ大学、マルチメディア・ヌサンタラ大学
Ⅴ	教育産業	90年代～	情報など職業教育（D3）を中心にアカデミーを設置	情報管理・コンピュータ・アカデミーなどビナ・サラナ・インフォーマティカ財団傘下のアカデミー

2 私立高等教育の発展の特徴

序章で述べたように、馬越（馬越 2007: 181-217）は、アジア各国における私学セクターの移行モデルとして、私立周辺型、私立補完型、私立優位型の3段階の類型を提案し、インドネシアは「私立補完型」に当たるとして、都市部の小規模なカレッジが経済規模の拡大や社会的要求の多様化に応じ、総合に改編され、大規模な私立大学になるケースが現れるとする。

本研究においては、小規模なアカデミーや単科大学が総合大学や専門大学へと発展する事例を確認し、馬越の提案した「私立補完型」の事例が確認できるとともに、インドネシアにおける私学高等教育の発展のメカニズムが明らかになった。

このメカニズムは、以下のような政府の設置行政と私立高等教育機関の設置者の相互作用として理解できる。

私立高等教育機関の設置に関する行政

インドネシア政府は独立直後から高等教育の拡大を目指したが、当時の経済状態では国が高等教育に十分な予算措置を行うことは困難であ

り、政府は私立の高等教育が一定の役割を果たすことを期待した。このため、政府は、私立高等教育機関の設置を比較的容易に認める方針をとってきた。私立機関の設置について、国立をモデルとして、「登録」、「認定」、「同等」という3段階のステータスを設けたが、最初の「登録」のステータスの取得は比較的容易であった。

また、アカデミーや単科大学のように、1つの教育プログラムから設置が可能な学校種が設けられたことも設置を容易にした。さらに、学問的教育を中心とする単科大学、専門大学及び総合大学でも職業教育プログラムを提供できることとされたので、第7章で見たように、アカデミーが単科大学や総合大学へと転換する場合にも既存の職業教育プログラムを継続しながら発展を遂げている事例があった。

このように、小規模の高等教育機関から総合大学などの大規模な機関へと発展し易い仕組みの下で、第7章及び第8章で明らかになったように、ジャカルタ特別州のアカデミーや単科大学の多くが総合大学や専門大学へと発展を遂げた。

高い大学設置への意欲

以上のような私学発展のダイナミックなメカニズムの中核を担ったのは、私立高等教育機関の設置者である。その背景には学歴取得に熱心な学生やその親などの存在があった。先の類型化で見たように、政治、軍などの有力者、宗教系団体、教育企業家、企業グループ、教育産業と時代により、変遷してきたが、一貫して、民間の大学設置への意欲が高い。すなわち、時代の変遷を辿ると、1950年代から60年代には、独立戦争を戦った有力者や宗教、政治勢力の間に大学設置への意欲が高かった。カミングス（Cummings1997:135-52）が指摘するように、政府は、これら独立戦争に貢献した者に報いるために高等教育への進出を容易に認めた。また、70年代に入ると民間の教育事業への進出意欲が高まった。このような設置者の旺盛な意欲は今日まで継続しており、これが私学高等教育発展の原動力であった。

第7章及び第8章で見たように、ジャカルタ特別州のアカデミー、ポリテクニック、単科大学が、情報、保健・衛生など社会の教育ニーズに対応したプログラムを迅速に提供している姿が浮き彫りになった。小規模なアカデミーからスタートして、教育プログラムの拡充や傘下の機関との合併を通じて、今日の総合大学へと発展を遂げた例は数多い。

表9−2　私立高等教育発展の要因

政府の設置行政	・私立高等教育機関の設置を比較的容易に認める ・アカデミーや単科大学は小規模で設置できる ・単科大学、専門大学及び総合大学も職業教育プログラムを実施できるので、アカデミーは既存の職業教育プログラムを継続しながら上位学校種へと転換できる ・設置者と学校が別組織なので複数学校の設置が可能
設置者側の状況	・民間の旺盛な私立高等教育機関設置への意欲

脆弱な私立高等教育機関の財務

　一方、私立高等教育の経営基盤は脆弱であり、第7章や第8章で見たように、相当数の学校の閉鎖が見られる。また、総合大学を比較すると宗教団体や企業グループが関連する新しい大学は、経営基盤もあり、学生数を増やしているが、歴史の古い総合大学の中には、近年学生数が伸び悩んでいる大学も散見される。そうした大学の一つである、パンチャシラ大学の事例から見ても大学経営の中で特別な財源を持たない設置者が施設・設備の更新に充てることのできる財源を確保することが容易ではないことがわかった。

　国立大学や新設私立大学との競争に勝って学生を獲得するためには、施設設備の更新が必要であり、そのためには財源確保のために授業料を上げる必要があるが、授業料の値上げは競争力の低下につながり、ひいては入学志願者の減少につながるというジレンマに陥っているのが多くの私立高等教育機関である。

3 私立高等教育の発展のための課題

　第7章及び第8章で見たように、インドネシアの私立高等教育は社会の教育需要に応えてダイナミックに発展を遂げてきた。質の面でも国立に比肩する大学が誕生しているが、一方、アクレディテーションの結果を見てもまだ国立と私立の間の差は大きい。

　舘は日本の私立大学の現状を考察した上で、今後の課題として自主性の強化と補助性の克服を提起している。私立は自主的であるがゆえに、国民の多様な進学要求に応えることにつながっている。また、大学システムの中には「学力試験を経ない」オープン・アドミッションの部分が必要であり、その役割を私立に負わせながら、政府が十分な財政支援をしていないことに矛盾があると指摘する（舘2009:4-10）。

　インドネシアと日本を比べると、量的にはともかく、質的な点では、インドネシアの高等教育の抱える課題の方が大きいと思われるが、今後の発展のための課題は、舘の指摘と重なるものである。

　「補助性の克服」という点では、質の向上を目指すためには、財源の確保が極めて重要な課題である。今後の所得向上が見込まれる中、授業料負担の一定の増加は可能かと思われるが、私学の助成策が今後の重要な政策課題となる。

　また、私立高等教育機関の運営面では、第2章で見たように、国立に準じたガバナンスが採用され、また、国立をモデルとした「スタータス」付与の仕組みの影響が残っており、質的な面での私学の独自性を発揮するには至っていない。新たな高等教育法においては、私学の自由度を強める方向性が出されている。これが、どう大学の現場で実施に移されるのか注目されるところである。

第2節　今後の研究課題

　今後、さらに研究を深めるためには、つぎのような研究課題があると考える。

　第一は、検討対象地域の拡大である。本研究では、資料の制約もあり、ジャカルタ特別州の高等教育機関を取り上げて、設置者単位の経営行動や大学生の経済負担について検討した。首都圏であるジャカルタ特別州はインドネシア全土の中で経済発展の最も進んだ地域であり、私学高等教育の発展の基盤が整った地域と言ってよい。2億5千万の人口を有する、広大なインドネシアの私学高等教育の発展について研究を深めるためには、広く全国的に検討することが必要である。

　また、今日、各州や都市にとどまらず、広域にわたって活動を展開する私立高等教育機関を設置する財団が出現している。こうした設置者の経営行動をとらえるためにも検討地域の拡大が必要である。

　第二は、より多様な経営主体の分析である。個別大学の経営行動について、今回は「パンチャシラ大学」の事例によって検討するにとどまった。言うまでもなく、私学の経営主体は、宗教団体や企業を母体とするものなど多様であり、設置する学校種も多様化している。経営行動に関する検討を深めるため、より幅広い経営主体の経営行動について分析を進める必要がある。

　第三は、国立大学との比較である。2010年の「教育法人法」違憲判決、2012年の高等教育法の制定などによって、国立大学の経営構造が見直される中、不透明な状況もあり、本研究では国立大学との十分な比較ができたとは言い難い。しかしながら、世界的なプライバタイゼーションの中、国立と私立の違いをどう考えるかということは大きな課題であり、具体的な比較検討が必要と考える。

引用（参考）文献
〔日本語〕
アルトバック, フィリップ・G.,2004「私学高等教育を見る比較の視点」アルトバック, フィリップ・G.編, 森利枝訳『私学高等教育の潮流』玉川大学出版部, 7-24.
アンダーソン, ベネディクト, 2007, 白石隆・白石さや訳『定本　想像の共同体－ナショナリズムの起源と流行』書籍工房早山.
馬越徹, 2007,『比較教育学―越境のレッスン―』東信堂.
カミングス, ウィリアム K.・カセンダ, S., 1993「インドネシア近代高等教育の起源」アルトバック, P. G.著, 馬越徹・大塚豊監訳『アジアの大学－従属から自立へ』玉川大学出版部, 199-230.
川村晃一, 2014,「安定した民主主義と決められない民主政治」塚田学・藤江秀樹編著『インドネシア経済の基礎知識』ジェトロ, 2-28.
倉沢愛子, 2013,「消費行為としての教育―次世代に託す希望」倉沢愛子編著『消費するインドネシア』慶應義塾大学出版会, 211-40.
佐藤百合, 2011,『経済大国インドネシア － 21世紀の成長条件』中央公論新社.
佐藤百合, 2014,「成長を志向する経済政策」塚田学・藤江秀樹編著『インドネシア経済の基礎知識』ジェトロ, 64-96.
白石隆, 1992,『インドネシア－国家と政治』リブロポート.
白石隆, 2000,『海の帝国 － アジアをどう考えるか』中央公論新社.
杉本均, 2004,「マレーシア－高等教育政策の歴史的転換」馬越徹編『アジア・オセアニアの高等教育』玉川大学出版部, 77-100.
鈴木恒之, 1999,「近代国家の展開」池端雪浦編『世界各国史6東南アジア史Ⅱ』山川出版社,138-81.
武部洋子, 2013,「インドネシア語－しなやかさとユーモアがいちばんのもち味」村井吉敬・佐伯奈津子・間瀬朋子編著『現代インドネシアを知るための60章』明石書店, 148-51.
舘昭, 2009,「私立大学の現状と課題」『IDE現代の高等教育』2009年10月

号:4-10.
千野境子, 2013,『インドネシア9・30クーデターの謎を解く』草思社.
西野節男, 2004,「インドネシア—市場化と国家統一維持の政治的課題」馬越徹編『アジア・オセアニアの高等教育』玉川大学出版部, 101-23.
服部美奈, 2001,『インドネシアの近代女子教育－イスラーム改革運動のなかの女性』勁草書房.
服部美奈, 2006,「インドネシアの教育計画」山内乾史・杉本均編著『現代アジアの教育計画（下）』学文社, 155-70.
服部美奈, 2013,「インドネシア—グローバル時代を生き抜く国民教育の見取図」馬越徹・大塚豊編『アジアの中等教育改革—グローバル化への対応』東信堂, 222-51.
羽田貴史, 2009,「質保証の現状と課題—まとめに代えて」羽田貴史・米澤彰純・杉本和弘編著, 2009,『高等教育質保証の国際比較』東信堂, 293-8.
弘末雅士, 1999,「近世国家の終焉と植民地支配の進行」池端雪浦編『世界各国史6東南アジア史Ⅱ』山川出版社,182-267.
深見純生, 1999,「近代植民地の展開と日本の占領」池端雪浦編『世界各国史6東南アジア史Ⅱ』山川出版社,268-365.
藤江秀樹, 2014,「第9章ビジネスアプローチのための基礎知識」塚田学・藤江秀樹編著『インドネシア経済の基礎知識』ジェトロ, 185-222.
増原綾子, 2010,『スハルト体制のインドネシア－個人支配の変容と一九九八年政変』東京大学出版会.
間瀬朋子, 2013,「現代的な消費と「インフォーマル・セクター」－ジョグジャカルタ特別州スレマン県の学生街の事例」倉沢愛子編著『消費するインドネシア』慶應義塾大学出版会, 69-96.
見市健, 2004,『インドネシア—イスラーム主義のゆくえ』平凡社.
両角亜希子, 2010,『私立大学の経営と拡大・再編』東信堂.
文部省大臣官房調査統計課, 1972,『インドネシアの教育—アジア教育協力調査団報告書資料編（Ⅲ）－』文部省大臣官房調査統計課

米澤彰純, 2010,『高等教育の大衆化と私立大学経営-「助成と規制」は何をもたらしたのか-』東北大学出版会.

米澤彰純, 2013,「グローバル化・市場化の中の東アジアの高等教育と日本―「大学」「政府」「国家」そして「公と私」―」黒田一雄編著『アジアの高等教育ガバナンス』勁草書房, 301-25.

レヴィ, ダニエル・C.,2004,「私立大学が多様化をもたらさないとき」アルトバック, フィリップ・G.編, 森利枝訳『私学高等教育の潮流』玉川大学出版部, 25-63.

和氣太司, 2011,「インドネシアにおける高等教育の潮流」『大学マネジメント』2011.3月号:10-5.

和氣太司, 2013,「インドネシアの私学高等教育の発展の動向に関する考察―学生規模に着目して―」桜美林大学大学院大学アドミニストレーション研究科『大学アドミニストレーション研究』第3号:49-60.

〔英語〕

Altbach, P.G. & Umakoshi, Toru eds., Asian Universities: Historical Perspectives and Contemporary Challenges: 249-77, The Johns Hopkins University Press.

Binus University, "History"（http://binus.ac.id/history/, 2015.3.11）

Buchori, Mochtar & Malik, Abdul, 2004, "The Evolution of Higher Education in Indonesia"

Cummings, William K., 1997, "Private Education in East Asia" Cummings, W.K. & Altbach P.G. eds., The Challenge of Eastern Asian Education: 135-52, State University of New York Press.

Hill, Hal & Thee Kian Wie, 2013, "Indonesian Universities:Rapid Growth, Major Challenges" Daniel Suryadarma & Gavin W. Jones eds., Education in Indonesia:160-79, Institute of Southeast Asian Studies.

Ministry of Education and Culture, 1997, "Education Development in Indonesia"

Ministry of Education and Culture, 2011, "Indonesia Educational Statistics in Brief 2010/2011".

Ministry of National Education, National Accreditation Board for Higher Education, "General Guideline for Accreditation of Higher Education"

Suharti, 2013, "Trends in Education in Indonesia" Daniel Suryadarma & Gavin W. Jones eds., Education in Indonesia:15-52, Institute of Southeast Asian Studies.

Universitas Pancasila, Home (http://univpancasila.ac.id/index.php, 2014.3.30)

Universitas Pelita Harapan, "UPH at a Glance", (http://international.uph.edu/about/overview-of-uph.html, 2015.3.11)

〔インドネシア語〕

Badan Akreditasi Nasional Perguruan Tinggi, (Hasil Pencarian Akreditasi Program Studi (http://ban-pt.kemdiknas.go.id/hasil-pencarian.php)

Badan Penerbit Universitas Pancasila, "Sejarah Universitas Pancasila 2004"

Departemen Pendidikan Nasional, Badan Akreditasi Nasional Perguruan Tinggi, "Direktori Hasil Akreditasi Program Studi Tahun 2006 Buku I Perguruan Tinggi Negeri"

Departemen Pendidikan Nasional, Badan Akreditasi Nasional Perguruan Tinggi, "Direktori Hasil Akreditasi Program Studi Tahun 2006 Buku II Perguruan Tinggi Swasta"

Departemen Pendidikan Nasional Direktorat Jenderal Pendidikan Tinggi, 2006, "DIREKTORI-Perguruan Tinggi Swasta di Indonesia"

Direktorat Jenderal Pendidikan Tinggi, 2003, "Pendidikan Tinggi

Indonesia Dalam Lintasan Waktu dan Peristiwa"

Direktorat Perguruan Tinggi Swasta Direktorat Jenderal Pendidikan Tinggi Departemen Pendidikan dan Kebudayaan, "DIREKTORI-Perguruan Tinggi Swasta Indonesia 1998/1999"

Kementerian Pendidikan dan Kebudayaan, Direktorat Jenderal Pendidikan Tinggi, Koordinasi Perguruan Tinggi Swasta Wilayah III, "DIREKTORI 2012-Perguruan Tinggi Swasta Kopertis Wilayah III Jakarta"

Kementerian Pendidikan Nasional, Badan Akreditasi Nasional Perguruan Tinggi, "Direktori Hasil Akreditasi Program Studi Tahun 2010 Buku I -Buku X"

Kementerian Pendidikan Nasional, Direktorat Jenderal Pendidikan Tinggi, "Perspektif Perguruan Tinggi di Indonesia Tahun 2009"

Kementerian Pendidikan Dan Kebudayaan Pusat Data dan Statistik Pendidikan 2012, "Indonesia Educational Statistics in Brief 2011/2012"

kompas, 2013.3.21

Seleksi Nasional Masuk Perguruan Tinggi Negeri (SNMPTN) Tahun 2015 (http://snmptn.ac.id/, 2015.3.12)

Universitas Indonesia, "Sejarah" (http://www.ac.id/tentang-ui/sejarah.html, 2015.2.27)

Universitas Katolik Indonesia Atma Jaya, "Sejarah Universitas Katolik Indonesia Atma Jaya" (http://www.atmajaya.ac.id/web/Info.aspx?gid=info-atma-jaya&cid=sejarah-atma-jaya, 2015.3.11)

Universitas Nasional, "Selayang Pandang" (http://www.unas.ac.id/sejarah_unas, 2014.3.14)

Universitas Negeri Gorontalo, "Tentang" (http://www.ung.ac.id/profil/about, 2014.3.14)

Universitas Pendidikan Ganesha, "Sejarah Singkat" (http://undiksha.ac.id/id/tentang/sejarah-singkat/, 2014.3.14)

あとがき

　本書は、2014年9月に桜美林大学から学位を授与された博士論文「インドネシアの高等教育の発展における私学の役割－私立高等教育の発展の仕組みと特徴」を加筆修正したものである。出版の機会を与えていただいた弘前大学出版会に感謝申し上げたい。

　博士論文の作成に当たっては、構想段階から完成に至るまで指導教授の舘昭先生に温かいご指導をいただいた。東京、インドネシア、青森県弘前市と勤務地がかわり、実務に追われながらも論文を完成できたのは、先生の粘り強い激励と適切なご指導のおかげである。

　また、論文審査の副査として、矢野眞和先生、山本眞一先生、西野節男先生から示唆に富むご助言を賜った。特に、インドネシア高等教育の泰斗である西野先生は細かい点にまで丁寧なアドバイスをしていただいた。さらに、桜美林大学修士課程時の指導教員であった故馬越徹先生には2010年夏、インドネシア赴任直前にご挨拶にうかがった際に、ご自身が若き日にまとめられたインドネシア調査報告書をいただき、温かく激励されたことが忘れがたい。

　1981年に文部省（当時）に入省以来、教育行政に携わってきた筆者が桜美林大学大学院の大学アドミニストレーション研究科（通信課程）に入学したのは2006年4月のことであった。当時は、サウジアラビア技術教育職業訓練庁アドバイザー（JICA専門家）の2年間の勤務を終えて帰国した直後で、現地で得た貴重な知識や経験を学問的にまとめてみたいというのが進学の動機だった。大学院の同窓生の多くは大学や行政の現場で実務に携わりながら学ぶ学生であり、刺激を受けながら、ここまで研究を進めることができた。

　本書をまとめるに当たっては、在インドネシアのJICA事務所、JICA専門家、日本大使館関係者など数多くの方々からご協力をいただいた。また、サトリオ先生（バンドン工科大学教授・元高等教育総局長）には

インタビューを始め多大なご協力をいただいた。お世話になった皆様に深く感謝申し上げたい。

　　　　　　　　　　　　　　　　　　　　　　　　　和氣　太司

著者紹介

和氣　太司（わけ　たいじ）　国立大学法人弘前大学副学長・国際連携本部長・教授。

熊本市生まれ。東京大学法学部卒業（1981年）。桜美林大学大学院大学アドミニストレーション研究科（通信教育課程）修了（2009年）、同大学院国際学研究科（博士後期課程）修了（2014年）、博士（学術）。

1981年文部省入省。体育局、初等中等教育局、大臣官房、高等教育局、経済企画庁、東京工業高等専門学校、高知県教育委員会等に勤務後、国際協力事業団基礎調査部調査役、文部省学校法人調査課長、内閣参事官（内閣官房副長官補室）、サウジアラビア技術教育職業訓練庁アドバイザー、日本学生支援機構学生生活部長、国立女性教育会館理事、国立科学博物館理事、インドネシア教育文化省高等教育政策アドバイザーを歴任し、2013年10月より弘前大学国際連携本部。

著書・論文

『アラブ首長国連邦（UAE）を知るための60章』（共著、明石書店、2011年）、「インドネシアの私学高等教育の発展の動向に関する一考察－学生規模の変化に着目して」『大学アドミニストレーション研究』3号、2013年、桜美林大学大学院大学アドミニストレーション研究科）、このほかサウジアラビアやインドネシアの高等教育についての論文等。

インドネシアの私立大学

― 発展の仕組みと特徴 ―

2015年12月28日　初版第1刷発行

著者　和氣　太司（わけ　たいじ）

発行所　弘前大学出版会
〒036-8560　弘前市文京町1
TEL　0172-39-3168
FAX　0172-39-3171

印刷所　青森コロニー印刷

ISBN 978-4-907192-35-8